Fernando Marcelino Pereira

Leviatã socialista MARX com HOBBES

KOTTER
EDITORIAL

Diretor editorial: Sálvio Nienkötter
Coordenação editorial: Claudecir de Oliveira Rocha
Editor-executivo: José Ramos Junior
Editor-assistente: Luiz Felipe Cunha
Capa: Jussara Salazar
Design editorial: Carlos Garcia Fernandes
Produção: Joehverson Guslem Jacob
Preparação de originais e revisão: O Autor

Dados Internacionais de Catalogação na Publicação (CIP)
Angelica Ilacqua CRB-8/7057

F491L

Pereira, Fernando Marcelino
Leviatã socialista : Marx com Hobbes / Fernando Marcelino Pereira. — Curitiba : Kotter editorial, 2025.
160 p.

Bibliografia
ISBN 978-65-5361-483-3

1. Sociologia 2. Antropologia 3. Marx, Karl, 1818-1883 4. Hobber, Thomas, 1588-1679 I. Título

CDD 301

25-3614

KOTTER EDITORIAL

Kotter Editorial Ltda.
Rua das Cerejeiras, 194
CEP: 82700-510 - Curitiba - PR
Tel. + 55(41) 3585-5161
www.kotter.com.br | contato@kotter.com.br

Feito o depósito legal
1ª Edição
2025

Fernando Marcelino Pereira

Leviatã socialista MARX com HOBBES

Sumário

Introdução 7

1. Por que ler Marx com Hobbes? 11

  1.1 Hobbes e o estado 12

  1.2 Marx e a ditadura do proletariado 25

  1.3 Marx com Hobbes: O leviatã socialista 35

2. Era Hobbes um leninista? 49

  2.1 Socialismo Real e Estado Hobbesiano 49

  2.2 Hobbes em Pequim 60

  2.3 Marxismo Hobbesiano 83

3. Do socialismo utópico ao socialismo neoutópico: Réquiem do marxismo ocidental 89

  3.1. Do socialismo utópico ao socialismo científico 89

  3.2. Do socialismo científico ao socialismo utópico 95

    3.2.1. Socialismo Evolucionário 95

    3.2.2. Escola de Frankfurt 98

    3.3.3. Grande Hotel Abismo 99

    3.2.4. Gramsci e o Moderno Príncipe 105

    3.2.5. Eurocomunismo 111

    3.2.6. Glasnost e fim da URSS 115

    3.2.7. Fukuyamismo de esquerda 117

  3.3. Do socialismo Utópico ao Socialismo Neoutópico 121

  3.4. Marxismo Ocidental x Marxismo Oriental 132

  3.5 Em busca da soberania perdida 143

Referências 153

Sobre o autor 159

Introdução

Esta obra propõe um encontro inusitado entre as filosofias de Karl Marx e Thomas Hobbes.

No primeiro capítulo, apresentamos os principais fundamentos da teoria do Estado em Hobbes e Marx, buscando suas conexões. Traçamos paralelos entre o Leviatã e a Ditadura do Proletariado. Também criticamos a visão utópica política pelos resquícios das ideias de Rousseau em Marx e no marxismo ocidental, o que gerou certa ambiguidade em relação ao poder e o Estado.

No segundo capítulo, analisamos a inconsciente influência hobbesiana na construção de Estados que passaram pela revolução socialista, especialmente na URSS e na China, mas também outras experiências históricas. Debatemos então como esse "marxismo hobbesiano" se mostrou inevitável na prática do exercício do poder.

No terceiro e último capítulo, analisamos as variações de socialismo utópico e o marxismo ocidental, cujo cerne é a distância em relação ao poder real. Do socialismo evolutivo de Bernstein, a Escola de Frankfurt, o contraponto de Lukács e Gramsci, o Eurocomunismo, a Glasnost soviética e o neoutopismo, presente nas teorias de John Holloway, István Mészáros, Alain Badiou, Toni Negri e muitos outros, que objetivam a superação do capitalismo com formas "pós-estatais" de socialismo. Vemos como o marxismo ocidental foi se distanciando do marxismo oriental, se tornando cada vez mais utópico e rousseauniano.

Por fim, apresentamos a centralidade da soberania como forma de abandonar o utopismo e retomar estratégias para construção do socialismo e a ditadura do proletariado. Propõe-se, assim, que a atual "crise do marxismo" só será superada numa relação direta com o pensamento político realista, mais adequado para solucionar os problemas presentes.

Leviatã socialista MARX com HOBBES

1. Por que ler Marx com Hobbes?

Este capítulo tem como objetivo destacar a presença de Hobbes, às vezes em termos explícitos, às vezes implícitos, no caminho do marxismo. Afinal, a grande descoberta de Karl Marx, a ditadura do proletariado, não seria um Leviatã socialista moderno?

Marx e Hobbes são dois pensadores extremamente influentes, com contribuições fenomenais para a teoria da sociedade humana, resultando no "estado de natureza" e no "contrato social", segundo Hobbes, na revolução socialista, segundo Marx. Embora os dois filósofos sejam distintos em suas próprias teorias, uma análise comparativa das diferenças e semelhanças pode ser feita. Ambos estavam preocupados com novos sistemas de organização política que pudessem superar a situação caótica de seu tempo. Fato é que há coincidências entre Hobbes e os diversos marxismos que chegaram ao poder. Hobbes é um interlocutor privilegiado de Marx, com o qual mantém um diálogo ao mesmo tempo contínuo e entrecortado. Marx faz inúmeras referências ao "bellum omnium contra omnes" frequentemente se refere à representação da sociedade burguesa com seu conflito entre indivíduos e classes. Um conjunto de referências de Hobbes a Marx manifesta a persistência de um núcleo central que permanece o mesmo, para além da diversidade de conceitos e problemas envolvidos. Para Hobbes, o Leviatã. Para Marx, a Ditadura do Proletariado. Se cada um dos conceitos ocupa posição central nos distintos tempos do diálogo de Hobbes com Marx, suas respectivas problemáticas atravessam-se conjuntamente.

1.1 Hobbes e o estado

"A soberania é a Alma do Estado"
Hobbes

Thomas Hobbes (1588-1679) nasceu em Westport, Inglaterra. Ele acreditava que o conhecimento vinha da experiência e não da razão. Hobbes era um materialista. Isso significava que ele acreditava que apenas a matéria realmente existia. Isso influenciaria suas visões sobre ciência e também seus trabalhos políticos. O filósofo é um dos pais da teoria do contrato social e da filosofia política moderna. Sua obra-prima – *Leviatã* – é um texto que, à la *A República* de Platão, abrange uma ampla gama de temas, desde epistemologia, ciência, religião e filosofia moral e política. Foram criados muitos estigmas em torno de sua obra. Porém, a nossa vista, ela é surpreendentemente igualitária, coletivista e progressista (especialmente para o século XVII).

Hobbes é frequentemente mal interpretado, erroneamente categorizado e sistematicamente ignorado pela filosofia política. Para muitos, Hobbes seria apenas um filósofo que odeia a democracia e, portanto, deve ser descartado. Ou melhor, Hobbes serviria apenas para condensar tudo que seria ruim no Estado.

O Leviatã se apresenta do mesmo modo de O Príncipe de Maquiavel: um manual de instruções para um líder justo e forte governar uma nação. Antes dele, Nicolau Maquiavel (1469-1522) elaborou uma teoria sobre como se formam os Estados modernos. Para ele, o Estado não tem mais a função de assegurar a felicidade e a virtude, como afirmava Aristóteles, nem uma preparação para o Reino de Deus, como para os pensadores da Idade Média. Para Maquiavel, o Estado passa a ter suas próprias características, com sua própria política, técnica e leis fundamentais. Logo no começo de *O Príncipe*, Maquiavel aborda o realismo, pois sua finalidade é "acompanhar a realidade mais efetiva do que a imaginação sobre esta". E acrescenta: "muitos imaginam repúblicas que nunca foram vistas nem conhecidas realmente", isto é, imaginam Estados ideais, tais como a República de Platão. Para Maquiavel, é preciso estudar as coisas como elas são, não como deveriam ser. Depois de Maquiavel, Jean Bodin (1530-1596) fornece uma teoria do Estado moderno. Em seu Sobre a República (1578), Bodin teoriza sobre o Estado unitário, que já existia. Sua principal contribuição é que o Estado é constituído essencialmente pelo poder. A soberania é o verdadeiro alicerce de toda a estrutura do Estado e a coesão de todos os elementos da sociedade.

Hobbes viveu entre o final do século XVI e início do XVII. Era um realista político que acreditava que o Estado era necessário para garantir a paz e a ordem. A dialética do Estado hobbesiano é composta pela autorização a coagir os cidadãos ao mesmo tempo em que também precisa cumprir sua tarefa de protegê-los. Para Hobbes, uma autoridade soberana funcional deve ser inequivocamente suprema, um Leviatã: não pode tolerar rivais, deve "intimidar a todos". Hobbes acreditava que um Estado, *antes de tudo,* precisava ser um "Deus Mortal" para desempenhar sua função adequada; ele deu a esse Deus Mortal o nome de Leviatã em homenagem a um versículo do Livro de Jó que proclama que o Leviatã "foi feito para não ter medo". O leviatã original é mencionado no Antigo Testamento da Bíblia e seu uso mais comum está no capítulo 41 do livro de Jó; onde Deus ilustra seu poder e amor a Jó, mostrando que somente Seu poder é capaz de domar a criatura implacável. A descrição divina do leviatã é a seguinte: "Quem poderá abrir as portas do seu rosto? Seus dentes são terríveis ao redor. Suas escamas são seu orgulho, fechadas como um selo apertado" (Jó 41:14-15). Esses versículos bíblicos, somados à tradução e pesquisa hebraicas, levaram à conclusão de que o leviatã era provavelmente um crocodilo gigante extinto (Fausset). Ele utilizou imagens bíblicas do Leviatã, o Monstro Marinho, em sua descrição de um Estado poderoso, capaz de manter a paz e proporcionar segurança aos seus cidadãos em todos os níveis, do pessoal ao nacional. Hobbes estava inclinado a imaginar a população do Estado Leviatã transferindo a maior parte ou todo o poder a uma única autoridade, seja ela uma única pessoa ou um conselho, capaz de fazer cumprir a lei e aliviar as preocupações de segurança das massas.

Para Hobbes, a filosofia política tradicional fundada por Sócrates era "mais um sonho do que uma ciência eficaz". Hobbes aceitou que a ciência política ou a filosofia são possíveis ou necessárias mesmo que isso exija a correção dos erros da filosofia política socrática. Hobbes menciona explicitamente Sócrates, Platão, Aristóteles, Sêneca, Tácito, Plutarco como referências dessa tradição. O pensamento de Hobbes segue as diretrizes de Maquiavel, considerando inútil a tradição da filosofia política clássica cujo fundamento está na maneira como os homens devem viver e não como eles "realmente" vivem. Não há nada do direito divino dos reis, ou da aristocracia natural baseada no mérito de Platão. Hobbes está em grande parte respondendo a Aristóteles e à tradição escolástica e existem referências sutis à *Ética a Nicômaco.*

Hobbes introduz o livro argumentando que "aquele que vai governar uma nação inteira deve ler, em si mesmo, não este ou aquele homem em particular, mas a humanidade". Além disso, sobre o método por ele adotado para tal leitura, argumenta que "esta doutrina não admite outra demonstração" (Hobbes, 1991, p. 11). Hobbes diz: "Eu proponho como inclinação geral de toda a humanidade um desejo perpétuo e incansável de poder após poder, que cessa apenas com a morte. Ele não pode assegurar o poder e os meios para viver bem, que possui, sem a aquisição de mais" (idem, p. 58). O desejo inato do ser humano por poder não cria nada de positivo, nada de produtivo – apenas lutas. "A competição por riquezas, honra, comando ou outro poder inclina-se à contenda, à inimizade e à guerra; porque o caminho de um competidor para a realização de seu desejo é matar, subjugar, suplantar ou repelir o outro" (idem, p. 58). Hobbes cita uma das principais motivações humanas como "o medo da morte e dos ferimentos", que impele os homens à segurança na forma de um governante único e todo-poderoso (idem, p. 58). Ele expressa isso de forma bastante clara: "O medo da opressão dispõe o homem a antecipar ou buscar auxílio da sociedade; pois não há outro meio pelo qual o homem possa assegurar sua vida e liberdade" (idem, p. 59).

Hobbes tem uma visão bastante radical da igualdade de todos os indivíduos. Sua filosofia é profundamente individualista e igualmente igualitária. Mas a visão de igualdade de Hobbes se baseia em uma avaliação nada sentimental: mesmo o menor ou mais fraco adulto, ele explica, tem a capacidade de matar ou subjugar o mais forte. E este estado de guerra não é apenas a luta, mas a antecipação da luta; nesta posição, não há nada de positivo – apenas "medo e perigo contínuos de morte violenta" – "e a vida do homem, solitária, pobre, sórdida, brutal e curta" (idem, p. 76). Hobbes desejava manter a ideia de lei natural separada da ideia de perfeição do homem: ele propôs deduzi-la da maneira como a maioria dos homens realmente vive a maior parte do tempo, com vistas a ter um efeito de valor prático. O que é mais poderoso na maioria dos homens, na maioria das vezes, não é a razão, mas a paixão.

Escrito durante a Guerra Civil Inglesa, o estado de natureza do *Leviatã* de Hobbes é uma projeção do estado caótico *de fato* da Inglaterra, onde as facções em guerra de parlamentares, monarquistas absolutos e camponeses recentemente expropriados – lideradas por Gerrard Winstanley e o movimento socialista agrário Diggers – lutavam. Nesse contexto, Hobbes projeta que, no estado de natureza (que ele alerta contra a interpretação de que existe geralmente o mesmo em todos os lugares), a humanidade está em estado de guerra, "todo homem contra todo homem". Esse estado de natureza não se limita à condição em que viviam as sociedades primitivas pré-Estado. Para Hobbes, esse estado de natureza em "medo contínuo" fornece terreno infértil para o desenvolvimento industrial e humano, pois a segurança da vida é a principal preocupação. Em essência, dentro do estado de natureza, "a vida do homem" é "solitária, pobre, desagradável, brutal e curta".

Para Hobbes, tal Estado de Guerra confunde-se com o Estado de Natureza, uma vez que a guerra não consiste apenas na batalha, mas também na iminência da luta. Enquanto os homens tivessem a vontade de atacar uns aos outros, o Estado de Guerra iria se perpetuar. Como no Estado de Natureza não há um poder capaz de controlar a convivência social dos indivíduos para que esses possam conviver em respeito, sempre haverá o Estado de Guerra. Afinal, "a natureza da guerra não consiste na luta real, mas na conhecida disposição para tal, durante todo o tempo em que não há garantia do contrário" (ibidem, p. 76).

Como, para Hobbes, o homem estava em guerra no Estado de Natureza, cada um era comandado pela sua própria razão. Não havendo, assim, nada de que ele não possa se utilizar para lutar pela sua sobrevivência. Destarte, no estado de natureza os seres humanos têm direito a todas as coisas – inclusive aos corpos uns dos outros. Essa condição de ter direito a tudo leva a uma insegurança, atentando contra a vida, intensificando mais ainda, assim, o Estado de Guerra. Por essa razão, apenas as leis de natureza – por mais que de maneira geral elas tendam a buscar a paz – não são suficientes para retirar os homens do Estado de Guerra. Dessa forma, a extrema instabilidade e falta de segurança do Estado de Natureza era um obstáculo para o progresso, uma vez que o desenvolvimento das atividades produtivas necessita de ordem, estabilidade e paz. Sendo assim, a garantia do avanço social seria possível apenas com o estabelecimento de um poder capaz de controlar a conduta dos indivíduos, equilibrando, portanto, politicamente a sociedade.

Se existe algum precedente ao pensamento de Hobbes, este é Han Fei, um aristocrata chinês que observou os estados em guerra do período na história chinesa e começou a propagar uma filosofia crucial em seu desenvolvimento: o legalismo. Hobbes é uma espécie de Han Fei ocidental, pois viveu mais de 1.800 anos depois.

Han Fei nasceu por volta de 280 a.C. e foi um filósofo de destaque no período dos Reinos Combatentes Chineses, da escola do Legalismo. Suas ideias foram tão influentes que lhe foi dado o sufixo honorífico zi, ou "mestre": Han Feizi. No período de grande convulsão social e política em que viveu, Han Fei buscou dar uma resposta pragmática aos desafios da época. Sua reação ao caos da guerra contínua e da insegurança existencial foi instintivamente autocrática. Todo o trabalho registrado de Han Fei está reunido nos 55 capítulos de uma obra chamada simplesmente *Han Feizi*, que não é apenas uma obra importante de filosofia política, mas também importante para historiadores, já que é a única fonte sobrevivente de inúmeras anedotas do Período dos Estados Combatentes. Quando Han estava em guerra com Qin, Han Fei foi enviado a Qin como enviado diplomático. Han Fei foi preso após a vitória total de Qin. No entanto, o primeiro imperador chinês, Qin Shi Huangdi, adotou muitas de suas teorias políticas para governar o império recém-unificado. Esta escola chinesa de legalismo era essencialmente uma estratégia política centrada na autoridade do líder, que deveria manter um controle firme usando três conceitos: sua posição de autoridade (勢, Shi); certas técnicas administrativas (術, Shu) e leis (法, Fa).

Em *Han Feizi*, o filósofo se propõe a resolver os problemas de sua época. Nos cerca de 200 anos entre a morte de Confúcio e o nascimento de Han Fei, as perspectivas de uma restauração de Zhou diminuíram e, para Han Fei, um confucionismo mais prático não foi suficiente para resolver questões de estabilidade social. Enquanto o confucionismo defendia o governo pela virtude e pela cópia de exemplos bem-sucedidos de governantes anteriores, Han Fei acreditava que as instituições políticas deveriam se adaptar às mudanças nas circunstâncias militares e econômicas. O confucionismo ensinava que a virtude conferia o direito de governar a um rei, e o abuso de poder retirava esse direito. Han Fei insistia que as qualidades morais de um governante eram imateriais: a posse de autoridade dava ao governante o direito de governar. Segundo Han Fei, o dever para com a nação vinha antes de qualquer outro dever, enquanto para os confucionistas o dever de um filho para com o pai era o dever supremo. Han Fei zombou disso, num claro sinal dos tempos tumultuados em que viveu: "se um soldado foge da batalha porque pensa que, se morto, não poderá servir ao pai, ele é, antes de tudo, um traidor e, em segundo lugar, um filho devotado, e traidores devem ser condenados à morte".

O legalismo de Han Fei pressupunha que todos agem de acordo com um princípio: o desejo de evitar punições e, ao mesmo tempo, buscar benefícios. Assim, a lei deve recompensar aqueles que a obedecem e punir severamente qualquer ação indesejada. Han Fei ensinava que a autoridade não deveria ser exercida arbitrariamente, mas sim por meio de leis que o governante propaga e que todos devem obedecer. Um governante inteligente usará a lei para selecionar homens para cargos públicos e não fará nomeações com base em seu próprio julgamento, mas deixará que a lei avalie o mérito e as qualificações de uma pessoa. O próprio governante deve obedecer às suas próprias leis, embora tenha autoridade para revogá-las. Para proteger sua autoridade e garantir o bom funcionamento de seu governo, um governante deve empregar uma política na qual qualquer pessoa nomeada para um cargo governamental seja obrigada a desempenhar suas funções satisfatoriamente, e o governante deve punir qualquer pessoa que se desvie do dever ou ultrapasse sua autoridade. O bom comportamento em todos os níveis da sociedade deve ser mantido por um sistema de punições e recompensas severas, regulamentado por leis e aplicado sem exceções. Para Han Fei, "bom" e "mau" eram definidos por tudo o que fosse do interesse do governante: "Os interesses do governante e dos governados não são da mesma opinião; superiores e inferiores travam 100 batalhas por dia" (Marcelino, 2025).

Para Hobbes, a finalidade da obediência é a proteção. A rebeldia é legítima quando o soberano não fornece mais o bem público básico da proteção. Aqui existe um paralelo com a doutrina confuciana da autoridade na China. Nesta, o povo tem o direito de se rebelar se o imperador for incapaz de proteger seus próprios súditos de perigos estrangeiros ou naturais.

A visão da política como proteção foi central para Hobbes. O medo é considerado a emoção mais importante por conta de suas várias consequências políticas. O medo define a sociedade colocada sob o estado de natureza, marcadas pelo "medo contínuo e pelo perigo de morte violenta". O Estado é uma resposta ao medo, pois serve para impedir a guerra de todos contra todos e destruição dos laços sociais frágeis que sustentam a sociedade. Quanto maior o medo, maior a necessidade do Leviatã. Somente na presença de um "pode comum" capaz de "intimidar a todos" e "manter todos em respeito" diante do medo do castigo e da morte que se suspende o estado de natureza. Se não houver o medo de algum poder coercitivo, prevalece a guerra de todos contra todos.

O Leviatã de Hobbes é a inovação crucial porque se baseia na representação genuína de todos em uma entidade jurídica abstrata, a saber, a "pessoa artificial" do Estado – um Estado que não toleraria uma protoguerra civil entre os grandes vaidosos e os plebeus. O Leviatã não apenas nos protege como um príncipe benevolente, mas a autoridade do Estado é o resultado de um ato de autorização coletiva por aqueles sujeitos aos seus poderes coercitivos. O Estado hobbesiano consiste em um poder soberano, isto é, numa autoridade impregnada de força, que pode resolver as contendas e arbitrar qualquer decisão.

Em sua filosofia política, Hobbes defende três formas de commonwealth, a saber, monarquia, aristocracia e democracia – cada uma com suas respectivas formas corrompidas (tirania, oligarquia, anarquia). Dessas três opções, ele considera a monarquia a mais prática. Em sua monarquia absoluta ideal, o soberano, instituído pela força ("soberania por aquisição") ou pela escolha ("soberania por instituição"), usa o medo – seja o medo que os homens têm de retornar a um estado de natureza, seja o medo que os homens têm do próprio soberano – para governar seus súditos. O que poderia ser chamado de requisito do Leviatã não implica necessariamente um Estado ditatorial ou autoritário. Se a existência do Leviatã não for ameaçada, ele também se beneficiará se permitir um alto grau de liberdade, descentralização e participação cidadã na tomada de decisões. No entanto, o Leviatã só pode permanecer ileso se todos perceberem que ninguém pode interferir nele.

Em Hobbes, é possível encontrar certa "novidade": ele funde dois conceitos tradicionalmente separados e diversos em um só. Não existe primeiramente a sociedade e depois o Estado. Existe apenas o governo para que exista paz entre os homens. Por isso o poder soberano tem que ser ilimitado, pois se o soberano sofre qualquer limitação é sinal de que alguém ou alguma instância está julgando-o como um poder acima dele. Isso dissolveria a sua supremacia e sua instância de absoluto. O objetivo dos indivíduos se unirem e contratuarem é a proteção. Porém, esta proteção somente é eficaz através da encarnação da força na espada. Os contratos, em si, não são mais que palavras fáceis de serem violadas, caso não haja ameaças de punições. Assim, não basta a vontade geral, é necessária vontade estatal para colocar ordem e assegurar os compromissos sociais. Em suma, é fundamental o poder soberano do Estado.

Dessa maneira, a sociedade civil só surge com o Estado: é a saída do homem do Estado de Natureza. Para que se possa voltar a ter a segurança fundamental para usufruir do seu próprio labor, sem temer a sua própria sobrevivência. Para sair do Estado de Guerra, é essencial adjudicar todos os seus direitos – força e poder – a uma só pessoa ou uma assembleia que poderá resumir as diversas vontades emergentes a apenas uma – por meio de uma votação. Em contrapartida, é dever do soberano garantir aos seus súditos a segurança fundamental e necessária para garantir a sobrevivência de todos. Os súditos, por conseguinte, terão o direito de resistir a qualquer tentativa passional do soberano de atentar contra a sua vida, uma vez que o pacto "mata-me e eu não resistirei" se constitui num pacto nulo.

Na obra de Hobbes, o poder do soberano repousa sobre um acordo tácito, mas real, dos indivíduos, que orienta essa concepção do poder em direção à ditadura soberana. Isso reforça a ideia da primazia incondicional dos princípios políticos sobre critérios de existência social. É a política que organiza e predetermina a estratégia de fatores econômicos internos e sua pressão crescente no mundo moderno. O soberano hobbesiano emerge do consenso de homens que julgam que sua autopreservação é melhor protegida por tal poder. A soberania é o resultado de um contrato entre pessoas motivadas pela paixão do medo de concordar com um poder superior que os proteja da morte violenta nas mãos de outra pessoa. Seu núcleo não é deliberação nem julgamento prático, mas vontade: as leis são leis não em virtude de sua racionalidade ou verdade, mas como produto da autoridade. Em Hobbes, a autoridade pública está acima da razão "como resultado da extensão extraordinária do direito natural do indivíduo". Ora, a autopreservação pressupõe a paz, e a lei moral torna-se então a regra que deve ser obedecida. Se o único fato moral incondicional é o direito à autopreservação e se todas as obrigações para com os outros são derivadas de um contrato, a justiça seria fundada como um hábito contratual, em contraste com a filosofia política clássica, que a entendia como uma ideia e um padrão de medida independente de princípios ancestrais ou tradicionais e da vontade humana.

Hobbes foi o primeiro a apresentar um exemplo puro de pensamento decisionista clássico no século XVII, usualmente caracterizada pelo lema *auctoritas, non veritas facit legem.* Segundo Carl Schmitt, para Hobbes:

> [...] a decisão soberana não pode ser explicada, portanto, do ponto de vista jurídico, nem com base numa norma, nem com base num ordenamento concreto; nem pode ser inserida no âmbito de um ordenamento concreto. Para o decisionista, ao contrário, é somente a decisão que funda tanto a norma como o ordenamento. A decisão soberana é o princípio absoluto. E o princípio (no sentido de *arché)* não é outra coisa senão decisão soberana.

A decisão nasce de um nada normativo e de uma desordem concreta. Deste modo, a estrutura lógica do decisionismo adquire os seus traços mais claros em Hobbes, pois o decisionismo puro pressupõe uma "desordem" que vem mudada em "ordem" somente pelo fato de que é tomada uma decisão Para Hobbes, o representante do tipo decisionista de pensamento jurídico é o "ditador" que acaba com a desordem da *bellum omnium contra omnes* do Estado de Natureza e funda as leis e o ordenamento.

Rousseau critica Hobbes por descrever a natureza social de sua época, marcada pelo surgimento da burguesia. O Leviatã seria cada vez menos necessário em sociedades civilizadas. Rousseau apresenta um contraponto a Hobbes, ao idealizar o Contrato Social. Embora caminhem por direcionamentos distintos, ambos têm em comum o objetivo de elaborar uma compreensão metodológica para provocar um questionamento dos valores e regras das sociedades de suas épocas. Entretanto, como as noções de natureza de Rousseau têm sentido distinto das noções de Hobbes, haverá implicações antagônicas. Para Hobbes, deve acontecer uma passagem de um estado ao outro (do estado de natureza ao estado de sociedade). Na compreensão de Rousseau, para o homem alcançar sua liberdade e plenitude intelectual, deveria "redescobrir" o "estado natural", tornando-se um novo homem, num processo de reaprender, sem a necessidade de passagem para um estado novo. Como se, voltando ao estado natural, mas com um comportamento diferente, fosse capaz de sustentar a convivência e a harmonia social. Se para Hobbes os homens, no estado de natureza, vivem uma "guerra de todos contra todos", Rousseau refere-se ao homem como o "bom selvagem". Ou seja, o homem é naturalmente bom e, mesmo no estado de natureza ele vive de forma harmoniosa. A natureza boa do homem passaria por uma degradação, uma degenerescência dessa natureza originária, em si mesma límpida e rica em potencialidades.

Contra Hobbes, Rousseau defende que a vontade do indivíduo é inalienável e irrepreensível, pois abdicar desses direitos é renunciar a sua própria condição de homem. O poder pode, apenas, ser delegado ao governante, continuando, contudo, o cidadão no pleno direito de julgar as suas ações bem como substituí-lo, assim como as leis que regem a sociedade, inclusive o pacto fundamental que a constitui. Igualmente, ao contrário da concepção de Hobbes, Rousseau julga que a lei à qual o cidadão deve se submeter enquanto integrante da sociedade não pode ser um instrumento externo ao indivíduo e que se impõe a ele para garantir a existência da sociedade. Essa lei deve ser a lei que ele mesmo (o indivíduo) institui mediante o debate público, onde é possível discernir os interesses comuns que levaram os homens à associação com o seu semelhante, manifestados através da vontade geral.

Hobbes argumenta que apenas uma pessoa ou assembleia deve ter poder, para que o Estado não transmita mensagens contraditórias às pessoas. Isso também impede que diferentes poderes do governo possam competir pela soberania. Também aponta que as pessoas têm o direito de se defender quando um soberano deixa de protegê-las. O poder soberano de "usar a força e os recursos de todos, da maneira que considerar conveniente, para assegurar a paz e a defesa comum" pode ser alcançado de duas formas: a primeira delas ocorre através da concordância voluntária entre os homens de determinada localidade que eleva ao poder um homem ou uma assembleia deles, pelo qual concordam em submeterem-se com o objetivo de ser por ele(s) protegidos. Isto é, há algum tipo de eleição ou nomeação democrática do soberano que guiará a província. Nesse modelo de pacto social, os homens (tomados individualmente) são autores de tudo o que o soberano fizer, "tal como fossem seus próprios atos e decisões, a fim de viverem em paz uns com os outros e serem protegidos dos restantes dos homens" (Hobbes, 2021, p. 147).

Hobbes não tinha ilusões sobre os efeitos deletérios quando o poder soberano do Estado se enfraquece. Ele aponta que algumas coisas enfraquecem ou tendem a dissolver o Estado. Dentre as "enfermidades do Estado", Hobbes coloca em primeiro lugar "aquelas que surgem de uma Instituição Imperfeita", isso é, a falta de um poder soberano que "contenta-se com um Poder menor do que o necessário para se atingir a Paz e a defesa do Estado" (idem, p. 287). Hobbes nota que este tipo de crise tende a ser explorada por Nações Estrangeiras que "utilizam quaisquer oportunidades para enfraquecer seus vizinhos" (ibidem, p. 288). Em segundo lugar, Hobbes observa "as doenças do Estado que se originam do veneno de doutrinas sediosas". Uma destas doutrinas "predispõe os homens a debaterem entre si e questionarem as ordens do Estado; e depois, a obedecê-las ou desobedece-las conforme considerassem melhor, com base em seus julgamentos particulares. Estados ficam absortos e enfraquecidos por essas doutrinas". Outra doutrina nociva "pressupõe que cada homem é juiz do Bem e do Mal", fazendo com que o Estado se anule "nessa diversidade de Consciências particulares, que são apenas opiniões pessoais, e ninguém obedece ao Poder Soberano além daquilo que pareça bom aos próprios olhos" (ibidem, p. 290).

No capítulo dedicado a Hobbes em *Politics and Vision,* Sheldon Wolin observa que a noção de estado de natureza não pode ser pensada nem como nome dado a uma situação histórica pertencente a algum tempo remoto e superado, nem como um recurso puramente lógico, separado da história e de suas determinações, destinado a demonstrar a necessidade de uma soberania absoluta. O estado de natureza hobbesiano, efetivamente, não pode ser pensado como um ponto distante no passado, como uma condição cronologicamente anterior à sociedade civil, porque seu caráter é, antes, como muitos outros comentaristas da obra de Hobbes também apontaram - "o de uma possibilidade sempre presente, inerente a toda sociedade política organizada", o de "uma ameaça onipresente que, como macabra acompanhante, seguia a sociedade em cada etapa de seu trajeto", o de uma contínua lembrança da fragilidade das ordens políticas e do risco permanente de uma recaída, um retrocesso, uma volta àquela situação da qual o contrato (outra grande figura da construção teórica hobbesiana) pretendia manter os homens distantes. Mas também não é uma hipótese *meramente* lógica, vinda de nenhuma parte e concebida apenas como um passo necessário em uma demonstração puramente racional. Não é que não se trate, em um sentido fundamental, de uma hipótese de trabalho ou de um exercício imaginário – o que, sem dúvida, é, mas tal hipótese é inspirada a Hobbes – e esta é uma questão sobre a qual Wolin é especialmente enfático - pelo contexto de crise, de caos social, religioso e político em que o filósofo escreve. De fato, uma das hipóteses centrais de Wolin é a dupla hipótese de que "os grandes enunciados da filosofia política foram propostos em épocas de crise", e de que foram propostos a fim de "definir as condições necessárias para uma ordem política estável". Ou, de outro modo, que a filosofia política é sempre *um pensamento sobre a ordem,* e que por isso mesmo encontra sua inspiração, sua matéria e sua justificação nas *situações de desordem* sobre as quais, e contra as quais, se levanta. Na Inglaterra do tempo de Hobbes, essa desordem conheceu a forma de uma revolução política, de um conflito religioso e de uma guerra civil de tal intensidade, que arrastaram toda a sociedade "à beira do nada", e é exatamente essa situação, essa *condição* - "a condição do nada político", que a ficção teórica do "estado de natureza" procura conceituar. Uma ficção sim, mas uma ficção que "comunicava aos homens do século XVII um significado vivido e nada fictício" (Wolin, 1973). O estado de natureza em Hobbes é uma conceituação, e talvez também uma estilização - livre de extravagâncias, despojada de história "concreta" e levada às últimas consequências lógicas - da guerra civil. E, em situações de crise – pandemias, guerras, desestruturação de Estados e conflitos armados – a teoria de Hobbes renova sua força.

1.2 Marx e a ditadura do proletariado

As influências em Karl Marx são geralmente pensadas como derivadas de três fontes: filosofia idealista alemã (Hegel e os hegelianos), economia política inglesa (Adam Smith e David Ricardo) e a política francesa. Em 1833, a França estava passando por uma série de problemas sociais decorrentes da Revolução Industrial. Uma série de planos abrangentes de reforma foram desenvolvidos por pensadores, entre os mais grandiosos estavam os de Charles Fourier e os seguidores de Saint-Simon. Fourier queria substituir cidades modernas por comunidades utópicas, enquanto os sant-simonianos defendiam a direção da economia, manipulando o crédito. Embora esses programas não tenham muito apoio, eles expandiram a imaginação política e social de seus contemporâneos, incluindo Marx. Pierre-Joseph Proudhon publicou sua própria perspectiva de reforma, *Solution du problème social*, na qual apresentou um programa de cooperação financeira mútua entre os trabalhadores. Ele acreditava que isso transferiria o controle das relações econômicas dos capitalistas e dos financiadores para os trabalhadores. Foi o livro de Proudhon *O que é a Propriedade?* que convenceu o jovem Marx de que a propriedade privada deveria ser abolida. Marx, no entanto, discordou do anarquismo de Proudhon e depois publicou críticas contra ele. Porém, o francês mais importante desta tradição foi Jean Jacques Rousseau, um dos primeiros escritores modernos a atacar seriamente a instituição da propriedade privada e, por isso, às vezes é considerado um antecessor do socialismo moderno, embora Marx raramente mencione Rousseau em seus escritos. Ele argumentou que o objetivo do governo deveria ser assegurar liberdade, igualdade e justiça para todos dentro do estado, independentemente da vontade da maioria. De Jean-Jacques Rousseau veio a ideia da democracia igualitária.

No decurso dos últimos dois séculos, foram formulados diversos conceitos de socialismo. Nas condições históricas de um ainda incipiente desenvolvimento do capitalismo e da luta de classes entre a burguesia e o proletariado, os "socialistas utópicos" (Saint-Simon, Fourier, Owen, entre os mais destacados) atacaram todas as bases da sociedade existente e, apelando ao conjunto da sociedade e sobretudo às classes privilegiadas, postularam para a substituir, sociedades ideais futuras, cujas principais características seriam: a supressão das diferenças entre a cidade e o campo, a abolição do lucro privado e do trabalho assalariado, a proclamação da harmonia social e a transformação do Estado em simples administrador da produção. Estas "fantásticas" descrições da "sociedade futura" tiveram o grande mérito de servir como primeiros materiais para instruir os operários, além de antecipar a eliminação do antagonismo de classes numa época em que esse antagonismo começava apenas a esboçar-se. Karl Marx e Friedrich Engels reconheceram o mérito destes socialistas ao terem animado as primeiras lutas dos trabalhadores e ao empenharem-se na busca da utopia, de uma sociedade onde prevaleceriam a igualdade, a liberdade e a fraternidade. Mas também mostraram que o carácter utópico dos seus projetos derivava do fato de não serem fundamentados na compreensão objetiva do modo de produção capitalista.

Uma considerável parte da reflexão de Marx sobre o Estado moderno se encontra condensada nas suas obras juvenis – *Crítica à filosofia do direito* (1843), *A Questão Judaica* (1843) e *Introdução à crítica da filosofia do direito de Hegel* (1843-1844) –; os dois últimos trabalhos foram publicados nos Anais Franco-Alemães. Não seria possível analisarmos as primeiras formulações de Marx sobre o Estado sem que nos reportemos a Hegel, o pensador que (ao lado de Feuerbach) mais influenciou as jovens gerações alemãs no início do século XIX. Em 1821, ele escreveu *Princípios de filosofia do direito*, no qual apresentou a sua teoria do Estado. Para Hegel, o Estado era a realização da Razão ou do Espírito absoluto; o Estado prussiano era a forma acabada (e superior) do Estado moderno; o Estado era dirigido por uma classe universal (a burocracia) à qual caberia descobrir e concretizar o "interesse geral" da sociedade; a burocracia tinha a incumbência de defender o "interesse geral" em contraposição aos "interesses particulares e egoístas", localizados na sociedade civil. Esta seria o "reino das carências individuais" e dos "fins particulares egoístas"; a sociedade civil era formada por classes. Mas estas classes não eram grupos de indivíduos ocupando posições distintas e contrapostas em relação à propriedade dos meios de produção. As classes corresponderiam aos grupos de indivíduos vinculados aos diferentes ramos das atividades econômicas (agricultura, comércio, atividades burocráticas) – na classe industrial estariam incluídos operários e patrões; na classe agrária os latifundiários e os camponeses.

Em Hegel, o "Estado é a realidade em ato da ideia moral objetiva, o espírito como vontade substancial revelada, clara para si mesma, que se conhece e se pensa, e realiza o que sabe e por que sabe." (Hegel, 2009, p. 257). O Estado é o conciliador, ou seja, o que sintetiza, numa realidade coletiva, a totalidade dos interesses contraditórios entre os indivíduos; o "espetáculo da devassidão bem como da corrupção e da miséria" (Hegel, 2009, p. 185). Para Hegel a razão está no Estado. A razão e a justiça são estabelecidas de acordo com quem assume o poder, e esse poder para Hegel é o Estado, a encarnação da razão numa dialética histórica. Hegel diz que "o fim do Estado seja o interesse universal como tal e que, nisso, seja a conservação dos interesses particulares como substância desses últimos" (Marx, 2005, p.36).

A primeira grande obra política de Marx foi justamente uma contestação à teoria política de Hegel, especialmente à sua concepção sobre o Estado moderno. Na sua *Crítica à filosofia do direito de Hegel* mostrou muito bem o grau de assimilação/rejeição às teses do mestre. Marx aceitava a descrição hegeliana: separação da sociedade civil e sociedade política (= Estado). Para ele, parecia correto que a sociedade civil representasse "o reino das carências individuais e dos fins particulares egoístas". O Estado era visto como um corpo burocrático que, aparentemente, se encarregaria de representar os interesses gerais de toda a sociedade. Mas isto seria o resultado de um longo e complexo processo de alienação da própria essência humana. O jovem Marx, ao mesmo tempo em que se apropria seletivamente do pensamento de Hegel nega-o. Ali escreveu: "Hegel não deve ser censurado por descrever a essência do Estado moderno tal como ele é e sim por apresentar o que existe como essência do Estado moderno". Ou seja, o que reprovaria seriam as suas conclusões político-práticas de "apresentar o que existe como a essência do Estado" ou a realização da Razão.

Marx define o Estado em Hegel enquanto construção ética. A vida social da sociedade é conflituosa, pois são compostos de múltiplos fins subjetivos dos homens (lucro, ambição etc.), valores éticos e objetivos (justiça, paz, etc.) sendo conciliada pelo Estado. O Estado hegeliano, visto que é a manifestação da razão, mostra através da história, tempo do conceito e da vontade como sendo livre de modo que sua substância seja a liberdade e determinação universal através da regulamentação das leis. O Estado, então, reconcilia a dinâmica imposta pela satisfação das carências particulares de cada ser humano inserido na sociedade civil. Para Marx, o Estado não visa o bem estar social, o bem comum, mas sim, é servo dos interesses egoístas da classe economicamente forte, e, portanto, dominante. É verdade que Marx avançou na proposta materialista sobre Hegel. Mas Hegel não estava tão interessado no poder real, em como funciona o Estado. Ele estava prescrevendo um Estado ético e ideal. Por isso, Hegel é considerado um idealista, acreditando que a realidade é existente por ideias e conceitos.

Marx, por outro lado, desenvolveu um materialismo histórico, argumentando que a realidade é material e que o pensamento humano é um reflexo das condições materiais da vida. Nisso há uma concordância com Hobbes. Marx toma de Hegel – que por sua vez havia se apropriado dos contratualistas dos séculos XVII e XVIII - os conceitos de "sociedade civil" enquanto o conjunto das relações econômicas e interesses privados e de "sociedade política" correspondendo ao Estado. Marx, por um lado, concebia uma profunda conexão entre os dois conceitos, por outro, atribuía à sociedade civil o momento decisivo da relação estabelecida entre sociedade civil e sociedade política. Para Marx, seria por meio da sociedade civil - o conjunto das relações econômicas e interesses privados -, fundadora do Estado, que se poderia compreender o surgimento do Estado, o seu caráter de classe, a natureza de suas leis, as representações sobre as quais ele se apoiaria, e assim por diante. E mais, o Estado, "criatura" da sociedade civil, constituir-se-ia num instrumento voltado para a garantia das próprias bases sobre as quais se apoiaria a sociedade civil. O Estado burguês, por exemplo, protegeria as relações capitalistas de produção, de forma a assegurar o domínio do capital sobre o trabalho, a reprodução ampliada do capital, a acumulação privada do produto social, a redistribuição do fundo público em benefício do capital, a exploração da renda fundiária etc. Portanto, o Estado seria, ao mesmo tempo, parte integrante das relações capitalista de produção e instrumento de defesa das mesmas. Por que todo Estado é uma ditadura? Porque por trás de uma grande democracia e de uma grande liberdade, esconde-se, na realidade, a dominação de uma minoria, interessa em sua preservação no poder.

Segundo Marx, a missão histórica mundial fundamental do proletariado como classe antagonista da burguesia era usar o poder estatal para construir o socialismo. Marx e Engels consideravam a destruição do absolutismo e a conquista da liberdade política como um passo essencial para a emancipação do proletariado e, em seus primeiros escritos, estavam mais do que dispostos a delegar essa tarefa à burguesia. Mas o principal desenvolvimento no pensamento marxista entre 1848 e os primeiros anos do século

XX foi a constatação de que a burguesia se tornava cada vez menos capaz de realizar "revoluções burguesas" propriamente ditas em países como a Alemanha e a Rússia, enquanto o proletariado se tornava cada vez mais capaz. Com ela, desapareceu qualquer princípio de legitimidade geralmente aceito. Para Marx e Engels, o desenvolvimento do capitalismo conduziria à luta irreconciliável entre a burguesia e o proletariado. A revolução dependia do amadurecimento de condições objetivas e da vontade consciente e da ação política do proletariado.

Para Marx, uma formação econômico-social é uma estrutura complexa de dominação, combinando vários modos de produção, dos quais um é o dominante. Este modo de produção dominante condiciona o funcionamento dos modos de produção subordinados. Estas estruturas complexas não são simples justaposições de diversos modos de produção, mas sim estruturas complexas únicas ou unitárias dotadas de causalidade estrutural própria, submetidas em geral ao predomínio de uma estrutura específica que corresponde à do modo de produção dominante.

O socialismo, por vezes chamado por Karl Marx de "primeira etapa da sociedade comunista", é uma sociedade "não como ela se desenvolveu a partir de suas próprias bases, mas, ao contrário, como ela acaba de sair da sociedade capitalista, portanto trazendo de nascença as marcas econômicas, morais e espirituais herdadas da velha sociedade de cujo ventre ela saiu". Trata-se, portanto, de uma fase de transição, de uma sociedade que sai diretamente da sociedade capitalista. Trata-se de uma ideia que corresponde à afirmação que Marx faz em sua crítica do Programa de Gotha: "Entre a sociedade capitalista e a comunista, situa-se o período da transformação revolucionária de uma na outra. A ele corresponde também um período político de transição, cujo Estado não pode ser senão a ditadura revolucionária do proletariado".

A posição de Marx é clara: a ditadura revolucionária do proletariado é a forma que o Estado assume na fase de transição, ou na primeira etapa do comunismo – também conhecida como socialismo. Trata-se, portanto, não de uma fase de transição nomeada ditadura do proletariado, seguida por uma segunda fase de transição chamada de socialismo. O socialismo, enquanto fase de transição, corresponde ao período em que o proletariado toma o poder político e inicia o processo de transformação da sociedade rumo ao comunismo, e neste sentido, a ditadura do proletariado se dá sob o socialismo e não antes dele. Socialismo e ditadura do proletariado são os mesmos fenômenos.

Os anarquistas historicamente lutaram contra o Estado, mas, em princípio, eles não visavam tomar o poder – eles se recusariam a tomá-lo a qualquer custo. Enquanto Marx e Engels propunham que os socialistas tomassem o poder e construíssem um novo estado que expressasse diretamente os interesses da classe trabalhadora (o que eles chamaram de "ditadura do proletariado" em oposição à "ditadura do capital"), o líder anarquista Bakunin recomendou que "uma vez que o proletariado tome o Estado, ele deve agir imediatamente para aboli-lo". Isso soa bem, mas o plano de Bakunin para derrubar o capitalismo mostra grande ingenuidade. Toda revolução nasce com um campo contrarrevolucionário. Se triunfantes, os revolucionários devem aproveitar todos os recursos à sua disposição para se defender de uma reação dos mercenários, milícias de direita e outras forças do lado do capital. Declará-lo "abolido" não significa realmente que a guerra de classes acabou, e faz pouco para consolidar a vitória contra o poder capitalista.

Em 1873, Friedrich Engels escreve o texto "Sobre a Autoridade". Ele começa reclamando que "alguns socialistas empreenderam ultimamente uma verdadeira cruzada contra o que chamam princípio da autoridade".

Basta que se lhes diga que tal ou qual ato é autoritário para que o condenem. A tal ponto se abusa desse método sumário de proceder que não há outro remédio senão examinar a questão um pouco mais de perto. Autoridade, no sentido de que se trata, quer dizer: imposição da vontade de outrem à nossa vontade; por outro lado, autoridade pressupõe subordinação. Pois bem: por pior que soem estas duas palavras e por mais desagradável que seja para a parte subordinada a relação que elas representam, a questão está em saber se existe meio de prescindir dela, se — dadas as condições atuais da sociedade — podemos criar outro regime social em que essa autoridade já não seja necessária e no qual, portanto, deva desaparecer. Examinando as condições econômicas, industriais e agrícolas, que constituem a base da atual sociedade burguesa, concluímos que elas tendem a deslocar cada vez mais a ação isolada pela ação combinada dos indivíduos. A indústria moderna, com grandes fábricas e oficinas, nas quais centenas de operários vigiam a marcha das máquinas complexas movidas a vapor, veio ocupar o lugar do produtor isolado; as carruagens e os carros para grandes distâncias foram substituídos pelo trem, assim como as pequenas escunas e faluas o foram pelos barcos a vapor. A própria agricultura vai gradualmente caindo sob o domínio da máquina e do vapor, que substituem, lenta mas inexoravelmente, os pequenos proprietários por grandes capitalistas que, com a ajuda de operários assalariados, cultivam grandes extensões de terra. A ação coordenada, a complexidade dos processos, subordinados uns aos outros, desloca em toda parte a ação independente dos indivíduos. E quem diz ação coordenada diz organização. E pode-se conceber organização sem autoridade?

Engels então apela ao realismo político:

> Suponhamos que uma revolução social houvesse derrubado os capitalistas, cuja autoridade dirige presentemente a produção e a circulação da riqueza. Admitamos – para nos colocarmos inteiramente no ponto de vista dos antiautoritários – que a terra e os instrumentos de trabalho converteram-se em propriedade coletiva dos operários que os utilizam. Teria desaparecido a autoridade, ou não teria senão mudado de forma?.

Para Engels,

> [...] as condições materiais de produção e de circulação estendem-se inevitavelmente com a grande indústria, e tendem cada vez mais a ampliar o campo dessa autoridade. É absurdo, portanto, falar do princípio de autoridade como de um princípio absolutamente mau e do princípio de autonomia como de um princípio absolutamente bom. A autoridade e a autonomia são coisas relativas, cujas esferas variam nas diferentes

> fases do desenvolvimento social. Se os autonomistas se limitassem a dizer que a organização social do futuro restringirá a autoridade até o limite estrito em que as condições da produção a tornem inevitável, poderíamos entender-nos; mas, longe disso, permanecem cegos para todos os fatos que tornam a coisa necessária e arremetem furiosamente contra a palavra.

Por fim, Engels critica os "antiautoritários" por buscar soluções utópicas "anti-Estado":

Por que os antiautoritários não se limitam a clamar contra a autoridade política, contra o Estado? Todos os socialistas estão de acordo em que o Estado político, e com ele a autoridade política, desaparecerão como consequência da próxima revolução social, isto é, do fato de que as funções públicas perderão seu caráter político, passando a ser simples funções administrativas, destinadas a zelar pelos verdadeiros interesses sociais. Mas os antiautoritários exigem que o Estado político autoritário seja abolido de um golpe, mesmo antes de terem sido destruídas as condições sociais que o fizeram nascer. Exigem que o primeiro ato da revolução social seja a abolição da autoridade. Será que esses senhores jamais viram uma revolução? Uma revolução é, indiscutivelmente, a coisa mais autoritária que existe; é o ato através do qual uma parte da população impõe sua vontade à outra parte por meio de fuzis, baionetas e canhões, meios autoritários desde que existam; e o partido vitorioso, se não quiser ter lutado em vão, tem que manter esse domínio pelo terror que as suas armas inspiram aos reacionários. A Comuna de Paris teria por acaso durado um só dia se não fosse empregada essa autoridade do povo armado frente aos burgueses? Não podemos, ao contrário, criticá-la por não se ter servido bastante dela? Portanto, uma das duas: ou os antiautoritários não sabem o que dizem, e nesse caso não fazem senão semear a confusão; ou sabem, e nesse caso traem o movimento do proletariado. Num e noutro caso, servem à reação.

Uma teoria marxista do Estado supõe a natureza de classe do Estado, isto é, o nascendo da luta de classes. O marxismo – ou dialética materialista revolucionária – deve ser concebido como um processo de construção teórica que acompanha o processo real. O marxismo é a análise dos processos históricos reais. Por isso, é certo que Marx elaborou uma teoria orgânica do Estado burguês – a ditadura democrática da burguesia. Porém, a questão é que ainda não poderia existir uma teoria orgânica da ditadura do proletariado. Em sua época, Marx e Engels não podiam construir uma teoria sobre o que não existe. Assim, apenas indicaram algumas características essenciais.

Sabemos que a ditadura do proletariado é um conceito de suma importância no léxico marxista. Com base no estudo da evolução do capitalismo, Marx concluiu que esse sistema econômico-social desembocaria numa contradição irreconciliável entre sua poderosa capacidade produtiva e a apropriação privada cada vez mais concentrada que nele vigora. E previu que essa contradição levaria a uma revolução social e ao surgimento de uma nova sociedade por meio da extinção da propriedade privada dos meios de produção. Em carta endereçada a J. Weydemeyer, Marx afirmou que o que existia de novo em sua teoria não era o fato de ter descoberto a existência das classes na sociedade moderna, nem a existência da luta entre as classes, mas sim de que tal luta "necessariamente levaria à ditadura do proletariado [...] que essa luta apenas constitui uma transição para a "abolição de todas as classes e a sociedade sem classes".

Para Marx, a ditadura do proletariado é a supremacia política do partido comunista "para arrancar gradualmente das mãos da burguesia todo o capital, para concentrar todos os instrumentos de produção nas mãos do Estado e para aumentar com a máxima rapidez possível a massa das forças produtivas". Não parece uma situação de muito comedimento do novo poder soberano socialista. O poder proletário consiste na apropriação do capital pelo Estado que dirige um processo chamado ditadura do proletariado, o que também não parece ser um passeio do parque. Seria no mínimo ingênuo acreditar que tal processo poderia ser feito sem uma contínua centralização burocrática, militar e policial do Estado, exprimindo de forma revolucionária o poder da nova classe dominante. É claro que, com o poder estatal, os comunistas não se devem descartá-lo ou desconstruí-lo, mas reforçá-lo, em todas suas atribuições, para atingir os objetivos socialistas de transformação social.

Foi a Comuna de Paris, em 1871, que forneceu para Marx os elementos para uma sintetização teórica do caráter do novo Estado e da necessidade da ditadura do proletariado. A análise da experiência da Comuna de Paris permite que Marx inove o conceito de ditadura do proletariado, que passa a ser relacionado com o surgimento de uma "nova estrutura estatal". Ela serve principalmente para assegurar que os meios de produção sejam socializados e a apropriação também seja social. Tal transformação nas relações de propriedade levaria, ainda, a uma profunda transformação na superestrutura política e jurídica da sociedade. De modelo de estratégia revolucionária, o conceito de ditadura do proletariado passa a traduzir uma forma política original: a organização do proletariado em classe dominante. Em suma, a essência da teoria do Estado de Marx trata da inevitabilidade histórica de que a transição socialista tome uma forma singular: a ditadura do proletariado. É neste quesito, e somente nele, que o marxismo não é utópico e se diferencia do anarquismo e correntes liberais. Somente as ditaduras do proletariado são capazes de construir experiências socialistas reais e consequentes. Além disso, Marx sabia que diante de processos revolucionários, qualquer medida é vista pela burguesia como uma medida ditatorial, pois retira sua liberdade de controlar os meios de produção e dominar a política. Enfim, a crítica de Marx aos anarquistas é de que são ingênuos, pois acham que qualquer transição socialista poderia ser feita sem coação sobre a burguesia.

1.3 Marx com Hobbes: O leviatã socialista

Por meio de diferentes modelos de revolução burguesa, a burguesia tomou o poder sucessivamente em uma série de países europeus, criando estruturas sociais, políticas, mercantis e culturais, incluindo o Estado-nação moderno. Os avanços e as transformações do início da modernização capitalista finalmente viraram a página da era medieval na Europa. Porém, devido às suas contradições inerentes, o capitalismo não será um sistema eterno, ainda que possa fazer melhorias internas acompanhando a evolução de suas circunstâncias. Para Marx, era do interesse da classe trabalhadora buscar uma revolução e desmantelar o velho mundo e o sistema capitalista, em vez de se submeter à contínua exploração e opressão pelas mãos da burguesia. Com lutas políticas e revoluções sociais, as classes oprimidas iriam derrubar a burguesia, se tornariam a classe dominante e iriam construir um sistema mais racional e humano, em substituição ao capitalismo. Este sistema foi denominado ditadura do proletariado. Embora os detalhes precisos dessa sociedade ideal futura não pudessem ser descritos, argumentou que a classe trabalhadora e seus partidos políticos inevitavelmente avançariam nesse rumo.

É possível traçar um paralelo entre a ditadura do proletariado e o modelo político sugerido como ideal para a organização política elaborada por Hobbes. A grande diferença entre os anarquistas e os socialistas consiste na constatação da necessidade de um Leviatã de caráter socialista na efetivação de qualquer projeto popular. A função fundamental do Estado – proteger a população de si mesma – deve ser assim reforçada no socialismo. A "extinção do Estado" só seria possível depois de um período que pode durar vários séculos. Até lá, o centro da política revolucionária é sobre o papel do Estado em salvaguardar a soberania política e civil. Em suma, construir a ditadura do proletariado, o Leviatã socialista.

No longo processo revolucionário do pensamento de Marx e Engels, começou a se ganhar conhecimento das situações de opressão e exploração de classe, se avançou no discernimento filosófico-científico da dinâmica social em que estamos envolvidos. Depois se chegou à conclusão de que a ditadura do proletariado serve, em termos hobbesianos, para fundar um Poder comum para manter todos intimidados, para suspender a guerra de classes que opõem todos contra todos, sob a direção política das forças sociais do proletariado. Não se trata de caos permanente, mas da capacidade de direção política das sociedades pós-revolucionárias.

O que Hobbes diria a Marx é que a ditadura do proletariado é um pressuposto permanentemente necessário da nova ordem socialista, não apenas um "período de transição". Um novo modo de produção só poderia ser edificado com a propriedade pública dos meios de produção em conjunto com os meios políticos do Estado. Para oferecer uma realidade material favorável à esmagadora maioria do povo, é preciso operar a exclusão político-ideológica dos poderes de controle da antiga ordem social. Sem um forte e intransigente Leviatã Socialista, o modo de reprodução social socialista não pode eternizar-se como sistema legal inquestionável. Seria possível aceitar como legítimo o questionamento de aspectos menores, mas a estrutura global do Leviatã Socialista deve ser inalterável.

Nota-se que as funções do Estado Socialista Proletário são essencialmente hobbesianas: assegurar o poder soberano e garantir a segurança da população, funções estão muito distantes de qualquer medida com vistas ao "fenecimento do Estado". Só que, para os comunistas, garantir o poder soberano inclui também medidas que promovam a socialização dos meios de produção. E existem funções mínimas sem as quais o Estado deixa de ser Estado, como: 1) ter dinheiro para gastar; 2) resolver conflitos sociais; 3) valer-se da força para resolvê-los quando necessário. Estes poderes constituem o núcleo mínimo do Estado, de todo Estado, do Estado enquanto tal. O Estado nasce da força e sobrevive através da força. No mundo dos Estados, a única lei reconhecida é a lei do mais forte.

Para Marx, a ditadura do proletariado consiste na "violação despótica do direito de propriedade e das relações burguesas de produção". Para isso, o primeiro passo da ditadura do proletariado é a restauração da soberania do Estado. A revolução é a troca no comando da soberania nacional e deve ser reforçada para que o poder estatal novo possa emergir. E o Estado socialista não pode extinguir seu fundamento: a soberania do Partido

Comunista. Esta luta pela soberania tem diversas etapas e segue por todo processo socialista.

A ditadura do proletariado real demanda processos simultâneos e aparentemente contraditórios: 1) restringir e/ou eliminar as relações de produção capitalistas, conservando as forças produtivas acumuladas sob regime capitalista; 2) extinguir o conteúdo de classe do Estado burguês, com a eliminação das instituições peculiares à dominação política da burguesia, conservando o aparelho militar, técnico e administrativo do Estado; 3) reforçar as funções sociais necessárias, cujo atendimento continuará a requerer a presença do Estado, como monopólio armado do território; 4) redução substancial dos índices de criminalidade e do caos social.

Para Hobbes, a diferença entre os Estados consiste na diferença do soberano. No caso do socialismo, o soberano é o Estado proletário, liderado pelo Partido Comunista ou similar. Parafraseando Hobbes, diante das forças contrarrevolucionárias, é preciso "um Poder Comum que os intimide e direcione suas ações para o Benefício Comum". E a única maneira de erigir esse Poder Comum é a entrega de todo o poder ao Partido Comunista para que possa transformar as Vontades de cada um em uma Vontade Única. Assim nasce o Leviatã socialista, ou ditadura do proletariado.

Com a ditadura do proletariado, começam a desaparecer algumas características essenciais do Estado burguês, mas não os fundamentos do Estado hobbesiano. Estes, na verdade, crescem para poder sobreviver às forças contrarrevolucionárias e firmar sua soberania. Isso não é necessário apenas para o momento pós-revolucionário imediato, mas por todo processo de construção socialista. A experiência da URSS demonstra que, enquanto houver alguma pressão do capital monopolista, a experiência da ditadura do proletariado se faz necessária. E é assim que a ditadura do proletariado mantém um Estado e sua soberania com elementos hobbesianos. Não é possível tomar o Estado burguês como ele está e usá-lo para os fins do proletariado, porque esse Estado não serve à edificação do socialismo. E sem uma base política sólida é inútil vislumbrar as perspectivas do desenvolvimento socialista. Em situação concretas, os comunistas que chegaram ao poder se depararam inevitavelmente com as reflexões de Hobbes à propósito das graves dificuldades com que invariavelmente se depara o Estado. Afinal, o medo sempre existiu e existirá em todas as sociedades. E, na prática histórica, o socialismo real repetiu e repete as ideias de soberania de Hobbes.

Assim como Hobbes, Marx objetiva um sistema político que acabe com os aspectos mais destrutivos da atividade humana. Para Marx, é inevitável que a sociedade pós-capitalista seja ancorada numa ditadura do proletariado. E a experiência história está reafirmando esta tese. Os estados socialistas reais tomam a forma análoga à que está presente no contrato social hobbesiano. Eles implementam uma versão do contrato social que, inadvertidamente, se baseou na influência hobbesiana. Esta visão hobbesiana assusta anarquistas e marxistas utópicos, que não necessitam lidar com a questão do poder do Estado. Para eles, pode-se dizer que existe uma visão muito mais baseada em Rousseau do que em Hobbes na construção da ditadura do proletariado.

Marx poderia realizar uma ruptura total com o utopismo se tivesse maior influência do realismo político inglês do que os utópicos franceses. Muitas ideias deste ambiente utópico francês colocam para Marx questões que deixam os marxistas em dúvida se a ditadura do proletariado seria um "passeio no parque da democracia liberal" ou um "Leviatã Proletário". Seus melhores seguidores conseguiram dar importantes contribuições, mas diversas teses utópicas perduraram. Para toda uma geração de marxistas ocidentais, foi dito que o Estado vai desaparecendo paulatinamente após a tomada de poder pelo proletariado. Porém, nas experiências socialistas reais, o Estado se fortaleceu tremendamente.

A filosofia francesa que Marx bebe tem pouco a contribuir para uma concepção realista de ditadura do proletariado. O socialismo real mudou na prática a orientação da política francesa para a inglesa de Hobbes. No poder, os partidos comunistas são obrigados a defender a antiga ideia de soberania. A ditadura do proletariado é a recuperação da soberania das forças econômicas e políticas que impedem a formação do "poder nacional". Na ditadura do proletariado, o poder do Estado é ilimitado. Se não for, não sustenta a soberania nacional. E a abrangência é a chave do poder. O Estado não pode renunciar aos direitos essenciais da soberania, com pena de ser extinto. Com a revolução, o partido comunista passa a ser o centro da autoridade soberana. E a soberania obriga a tomada de decisões difíceis para a preservação do Estado. Talvez pela influência da política francesa, Marx falhou em perceber que emancipação e coerção sempre andariam juntas; uma não pode existir sem a outra. Construir um estado socialista que seja pura democracia é uma ideia nobre, mas em última análise ingênua, pois aponta para uma política inteiramente além do Estado capaz de possibilitar formas heroicas de ação humana e solidariedade coletiva.

Marx estava pouco preocupado no problema da limitação do poder, sobretudo nas messiânicas passagens sobre a extinção do Estado e do poder enquanto tal. Muito se diz que o marxismo defende que, feita a revolução social, o poder político deveria ser exercido pela ditadura do proletariado e o Estado começaria a sofrer um processo de extinção gradual, até chegar ao comunismo, que seria uma sociedade sem Estado, pois não haveria mais a dominação de uma classe pela outra. A proposição da "extinção do Estado" tem influência sobre a bondade natural das pessoas, à maneira de Rousseau. Diante disso, é possível dizer que Hobbes é menos utópico do que Marx, especialmente sobre a "extinção do Estado". Hobbes pode ajudar a expulsar os elementos de caráter utópico e messiânico na proposta de "extinção do Estado". Marx e Engels parecem por vezes se dar conta do caráter utópico da perspectiva que indicam. Preocupam-se então em precisar que, com o desaparecimento do "antagonismo" de classe, será extinguido apenas o "poder político propriamente dito" e desaparecerá sim o Estado, mas o "Estado no atual sentido político". Porém, o foco na "extinção do Estado" ganhou muito mais importância do que a elaboração sobre a ditadura do proletariado. Para parte do marxismo, a teoria do Estado é reduzida na afirmação de princípios marxistas. É como se só isso fosse suficiente. Dessa forma, a teoria marxista do Estado costuma cometer dois erros fundamentais sobre o tema:

1. Substituir a política pela administração, sendo o Estado uma versão idílica, com tecnocratas que conseguem antecipar perfeitamente as necessidades sociais e dispensa sua função repressiva.
2. Substituir a política pela economia, sendo que a economia social passaria a ser dominante, os produtores passariam a controlar diretamente a produção e o Estado perderia suas funções progressivamente.

Norberto Bobbio notou que uma limitação da ciência política marxista deve ser procurada na ideia de que o Estado está destinado a definhar até sua total extinção. Se o estado está destinado a perecer e extinguir-se, o estado novo que surge das cinzas do estado burguês destruído, a ditadura do proletariado, é somente um estado de transição. Bobbio observou que os marxistas somente se preocuparam com as vias de tomada do poder de Estado, porém se esquivaram de esclarecer como será exercido o poder do Estado. Essa atitude derivaria da falsa ideia de que o Estado da ditadura do proletariado seria um Estado em vias de extinção, cujas funções teriam grande simplicidade. Lúcio Coletti chegou a defender que procurar em Marx uma teoria do Estado é um erro, pois o marxismo é a teoria da extinção do Estado.

Jacob Gorender defendeu que a ideia do comunismo é utópica, de origem messiânica judaico-cristã. Por isso, caberia eliminar a tese sobre as duas etapas da sociedade comunista e conservar a ideia de que ela se restringirá ao que Marx descreve com relação à primeira etapa. Não podemos pensar seriamente em uma sociedade em que todas as necessidades são sempre satisfeitas. Esta é uma concepção estática das necessidades. E sabemos que, dadas as limitações dos recursos acessíveis, certas necessidades não poderão ser satisfeitas para todos. Alguns poderão ter atendidas suas novas necessidades e outros precisarão esperar, porque haverá escassez. Para Gorender, defender um projeto utópico "é a força da fraqueza: não temos força, temos a utopia; quanto mais fracos, mais utópicos". Afinal, melhor do que uma expectativa longínqua sobre a uma "extinção do Estado", o mais correto é supor que isso nunca vai acontecer. E nem chega a ser realmente desejável, pois as ditaduras do proletariado devem ser eficazes o suficiente para não precisarem de transcendência. Além disso, também se presume de forma apressada que na ditadura do proletariado haverá o desaparecimento do aparelho repressivo, policial e judicial (Gorender, 2000).

Não existe Ditadura do Proletariado sem Leviatã. Marx e o marxismo por vezes iludem-se sobre o tempo do Leviatã socialista. Presume-se pouco tempo, o que não faria ser necessária a edificação completa de um Estado socialista. Mas quanto tempo é necessário? 20 anos? 50 anos? 100 anos? 1.000 anos? O comunismo é uma meta remota, para um futuro de longo prazo, no mínimo vários séculos. Somente lá, num futuro ainda inconcebível, é que o Estado poderia ser dispensado. A luta contra o sistema imperialista ainda se faria presente até a transformação mundial dos países em estados socialistas. Por isso, a ditadura do proletariado é o horizonte final das lutas emancipatórias enquanto houver o capitalismo como modo de produção dominante no mundo.

Marx e Engels não elaboraram uma adequada teoria da transição. Para Domenico Losurdo, a crise do marxismo está relacionada ao milenarismo, utopismo e misticismo de viés "judaico-cristão" de Marx e Engels. Tal pensamento inclusive foi prejudicial para verdadeiras experiências socialistas, sendo necessária uma "desmessianização" do projeto comunista. Afinal, o Estado soviético em vez de caminhar para a extinção fortaleceu-se cada vez mais. Por motivos muito diferentes ocorreram processos similares na China, no Vietnã, em Cuba, nas democracias populares da Europa oriental.

> Certamente, em vez de extinguir-se, nos países governados pelos comunistas o Estado se apresentava desmedidamente dilatado; muito longe de desaparecer, as identidades nacionais desempenhavam um papel sempre mais importante nos

> conflitos que teriam levado à divisão e, enfim, ao solapamento do campo socialista; não se divisava qualquer sinal de superação do dinheiro ou do mercado, que, eventualmente, com o desenvolvimento econômico tendiam a expandir-se [...].
>
> Quando e com quais modalidades inicia o processo de extinção do Estado previsto por Marx, depois da superação do capitalismo? Pondo em movimento uma gigantesca onda de nacionalizações, o novo poder [na Rússia] dá um impulso sem precedentes à extensão do aparelho estatal. Surge imediatamente a novidade das palavras de ordem: "melhorar o nosso aparelho estatal", empenhar-se seriamente na "edificação do Estado", "construir um aparato verdadeiramente novo que mereça verdadeiramente o nome de socialista, de soviético", melhorar o "trabalho administrativo", etc. Estender de modo maciço o aparelho estatal e colocar com força o problema de seu melhoramento não significa renunciar de fato ao ideal da extinção do Estado?

Conforme Losurdo, a sociedade não pode existir sem regulamentação, sem leis. Algo deve garantir a obediência às leis e, neste caso, o "definhamento" do Estado significaria o "definhamento" dos direitos, do Estado de Direito. Ele retorna à Gramsci que diz que a sociedade civil também pode ser uma forma de poder e de dominação. Se concebermos a história dos Estados Unidos, as formas mais opressivas de dominação não assumiram a forma de dominação estatal, mas vieram da sociedade civil. O próprio Marx fala do despotismo na fábrica capitalista, que não é exercido pelo Estado, mas sim pela sociedade civil. E Marx, contra este despotismo, propôs a interferência do Estado na esfera privada da sociedade civil. Defendeu a intervenção do Estado na sociedade civil para limitar ou abolir esta forma de dominação, para limitar por lei a duração e as condições do trabalho na fábrica. Para outro exemplo: em geral, pode-se dizer de Marx e Engels que a política, depois de desempenhar um papel decisivo na conquista do poder, aparentemente desaparece junto com o Estado e o uso da força política. Isto é ainda mais verdadeiro quando (além do desaparecimento das classes, do Estado e do poder político) se pensa que a divisão do trabalho, das nações e das religiões, em suma, todos os possíveis locais de conflito, desapareceram.

Para Losurdo, esta visão messiânica acaba por conduzir ao anarquismo e também tem desempenhado um papel deletério no que diz respeito à economia. Uma sociedade socialista é bastante impensável sem um setor público mais ou menos extenso (ou regulado pelo governo) dentro do aparelho produtivo, bem como dentro das indústrias de serviços, sendo o funcionamento do sector público decisivo. A solução para este problema pode ser deixada ao mito anarquista da emergência do "novo homem", que, alega-se, será identificado espontaneamente com o coletivo sem que apareça qualquer tipo de conflito ou contradição entre o privado e o público, o individual e grupo social. Esta é obviamente uma versão secular da noção religiosa de "graça", o que tornaria a lei desnecessária. Ou a solução pode ser procurada num sistema de regras e incentivos (materiais e morais) e de controles que visam garantir a transparência, a eficiência e a produtividade deste setor. Certamente tudo isto é tornado mais difícil, se não impossível, por uma fenomenologia (anarquista) do poder que situa a dominação e a opressão exclusivamente no Estado, no poder centralizado e nas regras sociais gerais. Desta forma, a dialética da sociedade capitalista tal como Marx a descreveu é bastante invertida. No "socialismo real e existente", o anarquismo levou ao terror em comparação com uma sociedade civil. Este terror tornou-se ainda mais insuportável à medida que as circunstâncias excepcionais se desvaneciam e a filosofia da história que prometia o desaparecimento do Estado, das identidades nacionais, do mercado, etc., carecia cada vez mais de credibilidade. Segundo Losurdo, Gramsci foi o que mais se empenhou na "desmessianização do projeto comunista"; colocou em discussão o "mito" do desaparecimento do Estado e de sua "reabsorção" na sociedade civil; que o internacionalismo "não tem nada a ver" com se desconhecer as peculiaridades e identidades nacionais; que convém é se falar em "mercado determinado, não em mercado em abstrato" (Losurdo, 2004, pp. 121-2).

Hobbes aponta que "os Pactos sem a espada são meras palavras sem força nenhuma para oferecer qualquer tipo de segurança [...]. Se não for instituído um Poder ou, se instituído, ele não for suficientemente forte para garantir nossa segurança, cada homem irá e poderá, de forma legítima, confiar em sua própria força e habilidade para se defender de cada um dos outros homens" (1988, p. 155). Como a comunista "extinção do Estado" poderia acontecer garantindo que não seja uma "guerra perpétua de cada homem contra seu vizinho"? A ideia do comunismo como extinção do Estado confundiu parte dos marxistas sobre o fortalecimento do Estado no período de ditadura do proletariado. Muitos pensaram que o socialismo seria o reino das virtudes e das concordâncias espontâneas em torno do poder, não sendo necessária uma soberania absoluta do Estado para realizar o processo de coação e repressão, o planejamento econômico e a autonomia no terreno internacional.

Daí a tese da extinção do Estado, tão cara ao marxismo na teorização da sociedade comunista, ser profundamente utópica. As declarações acerca da sociedade comunista como aquela do desaparecimento do Estado e de sua absorção na sociedade civil são ambíguas e flertam com o anarquismo. Daí Gramsci ter sido o único a concluir de modo explícito que a anarquia se associa ao liberalismo, não ao socialismo. É partindo desta visão de Gramsci que Losurdo sustenta ser um tanto curioso o modo como as influências anarquistas terminaram por penetrar no marxismo, e isto a ponto de tornar problemática a principal experiência socialista do século XX, a se realizar através de procedimentos autoritários. É que além das condições objetivas, muito da teorização marxista que informou a construção da nova sociedade esteve inspirada no par anarquismo/mecanicismo, como denotam a proclamação entre expoentes do socialismo soviético de que a ideia de Constituição (e da norma jurídica) era apenas uma ideia burguesa, ou mesmo a ilusão quanto à equivalência entre desaparecimento das classes e o desaparecimento do Estado.

Se o Estado fosse "extinto", como assegurar que cada um não tenha liberdade para se proteger da forma que seu próprio discernimento lhe sugerir? Por isso, independente da sua forma, o Estado continuará a desempenhar um papel dominante por um longo tempo. Ao contrário de Marx, Hobbes era muito mais cético sobre os benefícios da dissolução do Estado. Se a sociedade não encontrar uma forma de conviver sem recorrer a violência, a necessidade do Estado está posta. Neste sentido, a ditadura do proletariado não é tanto a passagem do reino da necessidade para o reino da liberdade, mas também o reino da violência para o reino da progressiva não-violência. Esta é principal precondição para o desenvolvimento de qualquer sociedade, especialmente uma socialista. Marx também é mais utópico que Hobbes ao considerar que a revolução leva ao reconhecimento imediato pelo novo poder proletário soberano, sem a necessidade de fortalecimento do Leviatã. E também é mais utópico quando aponta para a extinção do Estado, o que provavelmente levaria à desestruturação dos poderes soberanos populares instaurados nas ditaduras do proletariado.

O fenecimento do Estado, resultado da autogestão completa da sociedade, é uma agenda para depois da superação mundial do capitalismo como modo de produção dominante. Somente após a estabilização de um sistema socialista global, formada pela totalidade de nações socialistas, é que seria possível iniciar o processo dito comunista. Não se trata de algo a ser remotamente realizado em nosso tempo histórico. A etapa comunista diz respeito ao momento em que seja possível um planejamento global no campo material e político. Somente após a emancipação socialista global, e não antes ou durante, que estaria colocada a questão do fenecimento do Estado. Até lá, a agenda é de construção, aprimoramento e generalização de Leviatãs Socialistas por todas nações do mundo.

A confluência entre Marx e Hobbes (e Han Fei) é óbvia porque é do interesse do proletariado que seja estabelecido um Leviatã, considerando que o socialismo costuma ser marcado pelo acirramento, e não o arrefecimento, da luta de classes. Por isso, a ditadura do proletariado ainda será crucial na organização da vida política enquanto estivermos presos em uma situação delicada de precisar de um Leviatã para nos proteger de todos os tipos de ameaças. E deve ser assim ainda por um longo tempo.

O capitalismo promove o "estado de natureza generalizado", em que cada um tem direito de fazer tudo o que considere necessário para sua preservação. No capitalismo, o soberano é o capital. Em sua fase financeirizada e transnacional, o capital age ativamente para dissolver o Estado. Na fase descendente do capitalismo, o Estado é cada vez mais restrito e irracional. A degradação do poder implica a guerra de todos contra todos e enorme sofrimento humano. O liberalismo sustenta a ideologia de que o Estado deve ter cada vez menos possibilidade de marcar o curso das ações das nações e traçar planos para o futuro. E a decomposição do Leviatã, promovido pelo capitalismo neoliberal, está acelerando a crise do capitalismo. Para Marx, o amadurecimento das contradições sociais do capitalismo empurraria o proletariado a mover-se na direção de sua superação com o socialismo, implantado por meio de uma ditadura do proletariado.

O Leviatã Socialista deve dispor de uma imensa quantidade de recursos, desde terra, energia, bancos e matérias-primas e de capacidade administrativa para mobilizar rapidamente uma ação coletiva em prol dos objetivos da nação, com centralização política que pode ser acompanhada com descentralização econômica, com células do Partido em todas cidades, fábricas e bairros, além do controle sobre instituições e as forças armadas. O Partido supervisiona o Estado para garantir decisões sobre as principais políticas e outros assuntos importantes. O Leviatã Socialista deve ser dotado de poder capaz de dirigir, gerenciar e impulsionar a economia, com diversos dispositivos de intervenção. Suas atribuições são mais complexas do que os Estados capitalistas, desde o macroplanejamento até a capilarização na sociedade. O Leviatã Socialista necessita de uma organização confiável e competente, uma burocracia ágil, sem o qual é impossível exercer o poder.

O Leviatã Socialista exerce uma presença política estabilizadora para garantir a capacidade de manter o rumo na busca de objetivos de longo prazo e de resistir à pressão internacional e de grupos de interesses particulares. O poder do Leviatã é o maior potencial do sistema socialista. Ele se assenta no fundamento ontológico do Estado, sendo decisivo para o êxito de uma transformação socialista da sociedade. A legitimidade do Leviatã Socialista para dirigir o Estado e a nação depende da prosperidade e segurança desfrutada pelo povo, além de ser um poder atento e ágil ao enfrentamento dos problemas sociais reais.

O Leviatã Socialista aproxima Hobbes de Marx. Ambos repetiram que era preciso ver a realidade tal como era, não como se desejava que fosse. Ambos foram realistas, não sonhadores. O marxista tem boas razões para se comportar de modo hobbesiano: vive num mundo dilacerado onde reinam a violência, o domínio, o abuso, e vê no horizonte outro mundo capaz de superar esses males seculares. O marxismo age como hobbesiano, com a força e a astúcia, com a persuasão e a coação. Uma vez chefe de Estado, governa com métodos hobbesianos. Para fundar um Estado, medidas extremas revelam-se inevitáveis.

2. Era Hobbes um leninista?

2.1 Socialismo Real e Estado Hobbesiano

No começo do século XX, a cultura liberal denunciava o "caráter abstrato" dos intelectuais promotores de uma transformação político-social radical: só podiam cultivar utopias e sonhos de renovação social. Como poderiam eles ter a pretensão de entender de governo de um Estado e exercer uma tarefa muito acima de suas capacidades? Esse ambiente se mescla com a persistente posição dos intelectuais inclinados a ver no poder uma fonte de contaminação moral, preferindo a posição de eterna oposição crítica, mas substancialmente irrealista.

É bem sabido que uma irrupção plebeia depende pelo menos de 1) desorientação, divisão e desprestígio dos grupos dirigentes; 2) colapso dos mecanismos institucionais em atender a demanda por segurança e outras expectativas; 3) quebra na obediência popular e crescente associação política na vida pública; e 4) existir um projeto de poder realista e crível, que necessita de referências e lideranças que encarnem uma vontade nova. Isto é, num vazio de soberania é preciso ter uma nova proposta de soberania. Sem um ator político com a capacidade de articular entre diferentes grupos, com base em seus interesses, nenhuma transformação política é possível.

É evidente que qualquer tentativa de colocar em prática o socialismo enfrenta resistência feroz do poder capitalista estabelecido. Para pensar um poder popular autêntico que não esteja confinado às coordenadas da antiga sociedade, o primeiro passo é não cair em armadilhas utópicas, isso é, enfrentar batalhas bonitas, mas irreais. Uma visão idealista vê a conquista do poder por um novo grupo ou classe social que estabelece uma democracia com consentimento dos governados. Porém, na realidade, revoluções costumam acontecer em tempos de guerra civil, invasão, banditismo generalizado e fome.

Depois da Revolução Russa de Outubro de 1917, a questão da ditadura do proletariado assume uma particular importância, não somente do ponto de vista teórico, mas também do da política prática. Para Lênin, o primeiro elo da cadeia era a revolução proletária vitoriosa. A Revolução Russa, ou qualquer outra, não levou ao processo virtuoso de "extinção do Estado", mas a criação de Leviatãs Socialistas, com as gigantescas tarefas simultâneas à guerra de classes, guerra civil e guerra de defesa nacional anti-imperialista.

Lênin apontou que o primeiro passo consistia em romper a "máquina estatal existente" e não se limitar simplesmente a apoderar-se dela. Considerava que a transição de uma sociedade capitalista que se desenvolve no sentido do comunismo é impossível sem um período político de transição, e neste período o Estado não podia ser outro senão a Ditadura do Proletariado. Entre as transformações econômicas que deviam ter lugar no início do período de transição, destacava: a transformação da propriedade privada capitalista sobre os meios de produção em propriedade social, a nacionalização dos bancos e monopólios capitalistas (açúcar, petróleo, carvão, aço, etc.), assim como a abolição do segredo comercial e o cancelamento de todas as dívidas do Estado; em seguida, reorganizar a grande produção partindo do que havia já sido criado pelo capitalismo, mas aproveitando a própria experiência operária e estabelecendo uma disciplina rigorosa, apoiada no poder estatal dos operários armados. Este começo, baseado na grande produção, conduziria por si mesmo à extinção gradual da burocracia e à criação de uma ordem que não se pareceria em nada com a escravatura assalariada; uma ordem em que as funções de inspeção e contabilidade, cada vez mais simplificadas, seriam executadas por todos e no futuro desapareceriam como funções especiais.

Lênin herdou as posições fundamentais de Marx sobre a ditadura do proletariado. Em Estado e a Revolução afirma que "confinar o Marxismo a doutrina da luta de classes significa reduzir o Marxismo, distorcê-lo, reduzindo-o aquilo que é aceitável para a burguesia". Só que, para Lênin, como a Rússia, apesar de ser um país capitalista, o seu nível de desenvolvimento era bastante débil, principalmente comparado com os países capitalistas desenvolvidos, a etapa transitória do socialismo seria relativamente longa. Após a tomada do poder pelo proletariado, "as classes ainda existem, e irão existir por anos depois da conquista do poder pelo proletariado". De acordo com Lênin, a ditadura do proletariado é uma "luta persistente — sangrenta e incruenta, violenta e pacífica, militar e econômica, educacional e administrativa — contra as forças e tradições da velha sociedade". Da mesma maneira que Marx, também considerava que em uma sociedade onde persistia as diferenças entre camponeses e proletários, mesmo que o proletariado tenha derrubado a burguesia e instaurado o seu próprio poder, ainda não era possível considerá-la como uma sociedade socialista completa. Sua principal diferença é que a fonte de autoridade do governo proletário não pode ser uma lei do Estado burguês. Isso, para Lênin, significa que a construção da ordem socialista não pode resultar de reformas legislativas promulgadas por um parlamento burguês. O Estado dos trabalhadores estabelece suas próprias regras, suas próprias leis, seus próprios padrões, que não se baseiam nas leis, instituições políticas ou princípios de legitimação burgueses.

Se a presença simultânea e a interação de vários modos de produção caracterizam qualquer formação económico-social real, também caracteriza as formações econômico-sociais de transição; mas nestes casos, intervêm dois elementos suplementares fundamentais, que são o modo de dominação e as modalidades de eliminação dos modos de produção não dominantes. Por exemplo, a URSS no período de 1918-1921. Lênin assinalava a existência de cinco sistemas ou estruturas econômicas diferentes: economia patriarcal, pequena economia mercantil, economia capitalista, capitalismo de Estado e economia socialista. Isto expressava uma estrutura econômica complexa, mas ao mesmo tempo, uma formação econômico-social de transição para o socialismo; porque a classe operária detinha o poder estatal e o controle dos principais setores da economia. Nestas condições, incluindo um certo desenvolvimento do capitalismo – na forma de concessões limitadas e controladas ao capital estrangeiro ou na forma de certo progresso do capitalismo interior – não poderia modificar a orientação predominantemente socialista, em virtude precisamente do controle operário do Estado e das "alturas dominantes da economia".

Nas formações económico-sociais de transição para o socialismo, o período de transição seria constituído por dois momentos: a) o estágio inicial ou período de instabilidade inicial; e b) o que Marx enunciou como o período de "consolidação social do modo de produção". O estágio inicial ou primeiro estágio do período de transição caracteriza-se pelo desmantelamento e a ruptura final com a totalidade dominante anterior, a dominação do modo de produção capitalista, e, portanto, o futuro da nova formação econômico-social não está assegurado ou é ainda incerto. Por outro lado, a consolidação da nova formação econômico-social ou fase de transição para o socialismo propriamente dita, seria caracterizada pela ausência de adequação relativamente extensa das novas relações sociais e das forças produtivas, o que coloca certo tipo de contradições entre a forma de propriedade e o modo real de apropriação; por outras palavras, não se verificaram ainda as condições para a reprodução ampliada das novas relações sociais. Sintetizando, o período de transição seria composto por três processos com as suas temporalidades respectivas: a) o estágio inicial; b) a fase de transição em sentido estrito ou fase de inadequação entre as novas relações sociais e as forças produtivas; e c) a fase da reprodução ampliada da nova formação econômico-social socialista. Cada uma destas fases se caracteriza por uma articulação específica dos níveis da formação econômico-social e das suas contradições, e, portanto, de um certo tipo de desenvolvimento desigual destas contradições.

Lênin retomava literalmente Marx para descrever a fase que se seguiria à consolidação da ditadura do proletariado, a fase propriamente socialista. Inclusive destacava que haverá diferenças entre as formas de ditadura do proletariado, dependendo dos vários países e formações sociais, de suas características, estruturas econômicas e cultura. Nelas, os meios de produção deixam de ser propriedade privada de uns quantos e passam a pertencer a toda a sociedade; do trabalho realizado por todos os membros da sociedade aptos a trabalhar, desconta-se um fundo de reserva, outro fundo para repor os meios de produção gastos e para ampliar a escala da produção, e um fundo social para os gastos de administração, escolas, hospitalar, asilos, etc.; uma vez deduzidos estes fundos, cada operário recebe em serviços o que entrega à sociedade, além de um certificado que confirma ter o operário realizado tal ou qual quantidade de trabalho pelo qual recebe dos armazéns sociais os artigos de consumo correspondentes. Como diz Lênin,

> Não somos utópicos, não "sonhamos" com a possibilidade de prescindir de toda forma de governo e de toda subordinação de um só golpe; estes sonhos anarquistas, baseados na incompreensão das tarefas da ditadura do proletariado, são fundamentalmente estranhos ao marxismo e, de fato, só servem para adiar a revolução socialista, à espera de que os homens sejam diferentes. Não, nós queremos fazer a revolução com homens concretos como os de hoje, com homens que não podem se submeter a regras sem subordinação, sem controle, sem "inspetores e contadores".

Em 1920, Lênin insta aos quadros do partido e do Estado a aprender tudo que fosse necessário para que não fossem varridos pela contrarrevolução. Para ele, a "arte de administrar" não caia do céu, nem era "um dom do Espírito Santo".

Lênin criticou os reformistas e os centristas por fazerem o jogo dos governos dos países em que atuavam, sobretudo durante a Primeira Guerra Mundial. A estes reformistas e centristas chamou-os oportunistas e social patriotas (ou social chauvinistas), por haverem passado para o lado da burguesia contra o proletariado durante a guerra que, obviamente, não era a guerra dos trabalhadores e sim a guerra por uma nova repartição do mundo por parte das burguesias de então. Em relação ao anarquismo e ao "semianarquismo" Lenin utilizou outra categoria: o *revolucionarismo pequeno-burguês*. Ele é próprio dos pequeno-burgueses, também vítimas do capitalismo na sua tendência para a concentração, os quais irritados, "enfurecidos", caem "com facilidade no ultrarrevolucionarismo, mas [são incapazes] de manifestar serenidade, espírito de organização, disciplina e firmeza". Para Lênin, o pequeno burguês "enfurecido" pelos horrores do capitalismo é, como o anarquismo, um fenômeno social próprio de todos os países capitalistas. São do domínio público a inconstância destas veleidades revolucionárias, a sua esterilidade e a facilidade com que se transformam rapidamente em submissão, em apatia, em fantasias, inclusive num entusiasmo "furioso" por esta ou aquela corrente burguesa "na moda". Contra esse *esquerdismo,* ou seja, de "doença infantil do comunismo", Lênin cita dois momentos em que o bolchevismo lutou contra os desvios "esquerdistas" no seu próprio partido: contra os *otzovistas* em 1908 e os comunistas "de esquerda" que se manifestaram contra a paz de Brest-Litovsk. O segundo momento foi entre o primeiro e o segundo congressos da III Internacional.

Hobbes parece estar falando da Revolução de Fevereiro quando observa: "Se um monarca renunciar à soberania, tanto para si quanto para seus herdeiros, seus súditos retornarão à absoluta liberdade da natureza". Na Rússia, o Estado não precisou ser destruído – ele simplesmente entrou em colapso. E quais forças na sociedade russa estavam prontas, capazes e dispostas a assumir o desafio hobbesiano de criar uma nova soberania? Entre as forças que possuíam a qualificação mínima de uma estrutura nacional coerente, podemos listar a burocracia estatal, a pequena nobreza, a Igreja, as "organizações voluntárias" recentemente criadas para auxiliar no esforço de guerra, o Exército e os partidos políticos. Desde o início, havia conotações hobbesianas na mensagem bolchevique ao eleitorado soviético. O cerne dessa mensagem era precisamente "*Todo* o poder aos sovietes!". Aqui "todo" significa que os bolcheviques estavam apresentando um ponto quase hobbesiano – ou melhor, estavam respondendo a um ponto levantado inicialmente por seus oponentes. Os cadetes liberais reclamavam que só poderia haver *um poder soberano*, de modo que "poder duplo" era equivalente a "nenhum poder", ou seja, anarquia. Portanto, eles, não tão educadamente, pediram aos sovietes que se retirassem. Os bolcheviques concordaram entusiasticamente com essa lógica básica, mas inverteram a conclusão: de fato, deveria haver, poderia haver, apenas um poder soberano e deveria ser os sovietes! Os bolcheviques se apresentaram ao eleitorado soviético como o partido que tinha a vontade política de *realmente cumprir* as promessas programáticas dos outros partidos, sem ofuscação, qualificação ou atraso. Os partidos da elite não tinham intenção de cumprir essas promessas, e os socialistas moderados tinham muito medo de romper com as elites para levá-las adiante. Cada vez mais, argumentavam os bolcheviques, o acordo atrapalhava até mesmo a realização de funções estatais básicas, como a defesa nacional. Uma coalizão governamental baseada em partidos com objetivos e interesses de classe totalmente diferentes só poderia cair em uma incoerência debilitada.

Em 1920, Lênin reflete sobre as tarefas de construção do socialismo:

> Os defeitos, os erros, as falhas, são inevitáveis numa obra tão nova, tão difícil, tão grande. Quem receia as dificuldades da construção do socialismo, quem se deixa intimidar por elas, quem cai no desespero ou na confusão pusilânime, não é socialista. Criar uma nova disciplina do trabalho, criar novas formas de relações sociais entre os homens, criar formas e processos novos de fazer participar os homens no trabalho, é um trabalho de muitos anos e decénios. Este é o trabalho mais grato e mais fecundo. A nossa sorte está em que, tendo

derrubado a burguesia e esmagado a resistência, pudemos conquistar um terreno sobre o qual esse trabalho tornou possível.

Stálin também herdou as posições fundamentais de Marx sobre a ditadura do proletariado. Já em 1906, no artigo "Anarquismo ou Socialismo?", Stálin dizia que a ditadura socialista *do proletariado,* a tomada do poder pelo proletariado — é com isso que a revolução socialista deve começar. Isto significa que, *até que a burguesia seja completamente derrotada,* até que sua riqueza seja confiscada, o proletariado deve, sem falta, possuir uma força militar, deve, sem falta, ter sua "guarda proletária", com a ajuda da qual repelirá os ataques contrarrevolucionários da burguesia moribunda, exatamente como o proletariado de Paris fez durante a Comuna. A ditadura socialista do proletariado é necessária para permitir que o proletariado exproprie a burguesia, para permitir que ela confisque as terras, as florestas, as fábricas e moinhos, as máquinas, as ferrovias, etc., de toda a burguesia. A expropriação da burguesia — é a isso que a revolução socialista deve levar. Este, então, é o meio principal e decisivo pelo qual o proletariado derrubará o atual sistema capitalista. É por isso que Karl Marx disse já em 1847: "O primeiro passo na revolução da classe trabalhadora é elevar o proletariado à posição de classe dominante. O proletariado usará sua supremacia política para arrancar, gradualmente, todo o capital da burguesia, para centralizar todos os instrumentos de produção nas mãos... do proletariado organizado como classe dominante" (*Manifesto Comunista*). É assim que o proletariado deve proceder se quiser concretizar o socialismo.

Em 1924, Stálin destaca que:

"A questão fundamental da revolução é a questão do Poder" (Lênin). Quer isso dizer que tudo se reduz à tomada do Poder, à conquista do Poder? Não. A tomada do Poder é apenas o começo da obra. A burguesia, derrocada em um país, continua a ser, por muito tempo, por várias razões, mais forte do que o proletariado que a derrubou. Por conseguinte, tudo reside em conservar o Poder, em consolidá-lo, em torná-lo invencível. Que é preciso para alcançar este objetivo? E preciso cumprir, pelo menos, três tarefas principais, que se apresentam à ditadura do proletariado, "um dia depois da vitória": a) vencer a resistência dos latifundiários e dos capitalistas derrubados e expropriados pela revolução, esmagar as suas tentativas de toda espécie para restaurar o Poder do capital; b) organizar a edificação de modo que todos os trabalhadores se agrupem em torno do proletariado e desenvolver esta obra com vistas a preparar a liquidação, a supressão das classes; c) armar a revolução, organizar o exército da revolução para a luta contra os inimigos externos, para a luta contra o imperialismo. A ditadura do proletariado é necessária para resolver, para cumprir estas tarefas.

Em que consiste a força da burguesia derrubada? Em primeiro lugar, na força do capital internacional, na força e na solidez dos vínculos internacionais da burguesia. Em segundo lugar, no fato de que «ainda por longo tempo depois da revolução os exploradores conservam, inevitavelmente, uma série de enormes vantagens reais: restam-lhes o dinheiro (que não se pode suprimir imediatamente) e uma certa quantidade de bens móveis, com frequência valiosos; restam-lhes as relações, a prática de organização e administração, o conhecimento de todos os «segredos» da administração (hábitos, procedimentos, meios, possibilidades); restam-lhes uma instrução mais elevada e a sua intimidade com o alto pessoal técnico (que vive e pensa como a burguesia), resta-lhes uma experiência infinitamente superior da arte militar (o que é muito importante), etc. Em terceiro lugar, na força do hábito, na força da pequena produção; porque, por infelicidade, a pequena produção ainda existe em grande, em enorme medida, e a pequena produção gera o capitalismo e a burguesia, diariamente, de hora em hora, de modo espontâneo e em massa»... porque «suprimir as classes não significa apenas expulsar os latifundiários e os capitalistas — isto nós o fizemos com relativa facilidade —, mas quer dizer eliminar os pequenos produtores de mercadorias, aos quais é impossível expulsar, é impossível esmagar; com este é preciso conviver, e só podem (e devem) ser transformados, reeducados, mediante um trabalho de organização muito longo, muito lento e prudente.

Não é necessário demonstrar que o cumprimento dessas tarefas em prazo curto, que realizar tudo isso em alguns anos, é coisa absolutamente impossível. Por isso, é necessário considerar a ditadura do proletariado, a passagem do capitalismo ao comunismo, não como um período curto de atos e decretos "ultrarrevolucionários", mas como toda uma época histórica, cheia de guerras civis e de conflitos externos, de tenaz trabalho organizativo e de edificação econômica, de avanços e recuos, de vitórias e derrotas. Esta época histórica é necessária não somente para criar as premissas econômicas e culturais da vitória completa do socialismo, mas também para dar ao proletariado a possibilidade, em primeiro lugar, de educar-se e temperar-se como força capaz de dirigir o país e, em segundo lugar, de reeducar e transformar as camadas pequeno-burguesas de modo a assegurar a organização da produção socialista. Daí se depreendem duas conclusões fundamentais.

> *Primeira conclusão:* A ditadura do proletariado não pode ser uma democracia "integral", uma democracia para *todos,* para os ricos e para os pobres; a ditadura do proletariado "deve ser um Estado democrático *de modo novo (para* os proletários e os não proprietários em geral) e ditatorial *de modo novo (contra* a burguesia)". Os discursos de Kautsky e cia. sobre a igualdade universal, sobre a democracia "pura", sobre a democracia "perfeita", etc., são uma cobertura burguesa do fato incontestável de que é impossível a igualdade entre explorados e exploradores. A teoria da democracia "pura" é a teoria da aristocracia operária domesticada e mantida pelos bandidos imperialistas. Foi criada para encobrir as chagas do capitalismo, para embelezar o imperialismo e dar-lhe força moral na luta contra as massas exploradas. Sob o capitalismo não existe nem podem existir "liberdades" verdadeiras para os explorados, além de outras razões pelo fato de que os locais, as oficinas gráficas, os depósitos de papel, etc., necessários

> para o exercício das "liberdades", constituem um privilégio dos exploradores. Sob o regime capitalista, não há nem pode haver uma efetiva participação das massas exploradas na direção do país, entre outros fatos, porque, sob o capitalismo, mesmo no regime mais democrático, os governos não são formados pelo povo, mas pelos Rotschild e os Stinnes, pelos Rockefeller e os Morgan. A democracia, no regime capitalista, é uma democracia *capitalista, é* a democracia da minoria exploradora, baseada na limitação dos direitos da maioria explorada e voltada contra esta maioria. Somente sob a ditadura do proletariado se tornam possíveis as verdadeiras liberdades para os explorados e uma verdadeira participação dos proletários e dos camponeses no governo do país. A democracia, sob a ditadura do proletariado, é uma democracia *proletária, é* a democracia da maioria explorada, baseada na limitação dos direitos da minoria exploradora e voltada contra esta minoria.
>
> *Segunda conclusão:* A ditadura do proletariado não pode surgir como resultado de um desenvolvimento pacífico da sociedade burguesa e da democracia burguesa; ela só pode surgir como resultado da demolição da máquina estatal burguesa, do exército burguês, do aparelho administrativo burguês, da polícia burguesa.

Poucos objetariam de que Stálin personificou efetivamente o Leviatã Soviético. Para Hobbes, o poder soberano produz as leis: "a Primeira Lei refere-se à própria Divisão da terra: o soberano atribui a cada um uma parcela de acordo com o que ele julgar concordante com a Equidade e o Bem Comum" (2021, p. 227). Esta passagem flagrantemente marxista emula todas experiências de reforma agrária em países socialistas. Hobbes nega o direito natural ou sagrado do indivíduo a sua propriedade. Todas as terras e bens devem ser controlados pelo poder soberano. O Leviatã organiza a distribuição da propriedade onde "o soberano atribui a todos os homens uma porção, conforme o que ele considera compatível com a equidade e com o bem comum". Hobbes teria aconselhado Stálin que para conquistar esse poder soberano é preciso assumir o papel de autoridade absoluta. A "liquidação dos Kuláks como classe" se embasa na manutenção da soberania do poder soviético, pois sua recusa em dar suas terras era visto como uma desobediência que colocaria em risco a soberania estatal. O soberano decide sobre as leis e a terra. No caso da Rússia, depois da guerra civil, a ânsia da população era por um novo Leviatã, forte e feroz, o que explica o apoio demonstrado a Stálin pelo partido e pela população em geral.

2.2 Hobbes em Pequim

Nas décadas de 1950 e 1960 ocorreram novas experiências socialistas no Leste Europeu, na China, Coreia, Cuba, em condições históricas e sociais completamente distintas das da URSS. Surgem tentativas de transição ao socialismo no Oriente Médio e na África, como no caso da Argélia, Angola, Moçambique, Camboja, Tanzânia e Etiópia. As revoluções do século XX não nasceram das contradições do desenvolvimento último do capitalismo, mas de sociedade onde predominavam modos de produção pré-capitalistas, imersas em guerras civis, insegurança e fome. Assim, o processo de expansão mundial do socialismo criou diversas formas e experiências de transição. Seja em virtude das classes sociais formadas historicamente ou porque o capitalismo se desenvolveu de forma desigual em cada um desses povos, o socialismo realmente existente sempre ocorre com características nacionais. Afinal, a força social dos trabalhadores, camponeses e outras camadas populares em diferentes países têm disposições e problemas diferentes e próprios.

Diante da vitória da revolução de 1949, Mao Tsé-Tung disse:

> DIZEM-NOS: "Vocês instauram a ditadura". Sim, caros senhores, tendes razão. Com efeito, instauramos a ditadura. A experiência acumulada pelo povo chinês durante vários decênios nos fala da necessidade de instaurar a ditadura da

democracia popular. Isto quer dizer que os reacionários devem ser privados do direito de expressar sua opinião e que só o povo tem o direito de voto, o direito de manifestar sua opinião. Quem é o "povo"? Na etapa atual o povo da China é integrado pela classe operária, a classe camponesa, a pequena burguesia e a burguesia nacional. Sob a direção da classe operária e do Partido Comunista, estas classes se uniram para formar seu próprio Estado e escolher seu próprio governo, a fim de instaurar a ditadura sobre os lacaios do imperialismo — a classe dos latifundiários e o capital burocrático —, a fim de esmagá-los e só tolerar sua atuação dentro de certos limites, a fim de não permitir que passem desse limite, nem em palavras, nem em atos. Se em suas palavras e em seus atos tentarem passar desse limite, isso lhes será proibido e serão imediatamente castigados. O sistema democrático deve ser aplicado entre o povo, dando a este a liberdade de palavra, de reunião e de organização. O direito de voto é concedido unicamente ao povo, e não aos reacionários. Estes dois aspectos, de democracia para o povo e de ditadura para os reacionários, é que constituem em si a ditadura da democracia popular. Por que deve ser precisamente assim? É bastante claro que se não fosse assim, a revolução seria derrotada, a desgraça cairia sobre o povo e o Estado acabaria por sucumbir.

Dizem-nos: "Então vocês não querem destruir o poder estatal?". Sim, queremos, mas não imediatamente. Não podemos destruir o poder estatal atualmente. Por que? Porque o imperialismo ainda existe, porque no país ainda existem os reacionários e as classes. Nossa tarefa, hoje em dia, consiste em fortalecer o aparelho do Estado popular. Isto se refere principalmente ao exército popular, à polícia popular, à justiça popular, à defesa nacional e à proteção dos interesses do povo. Eis aí a condição indispensável para que a China possa se desenvolver ininterruptamente sob a direção da classe operária e do Partido Comunista, para que ela possa se transformar de país agrário em país industrial, e passar da nova democracia à sociedade socialista e comunista, para que ela possa finalmente suprimir as classes e realizar o comunismo mundial.

A revolução cumpriu as tarefas históricas de resistir à agressão imperialista externa e consolidar o poder nacional internamente. Entre 1949 e 1953, a revolução socialista promoveu uma reforma agrária radical, que distribuiu as terras para ex-arrendatários e trabalhadores rurais pobres, constituindo uma agricultura camponesa com base na pequena propriedade e no trabalho familiar. O latifúndio feudal foi eliminado, a produtividade agrícola melhorou e consolidou-se a "aliança operário-camponesa" sob a égide do Partido Comunista Chinês (PCCh).

Em 28 de junho de 1950, foi promulgada a Lei de Reforma Agrária. Ela nacionalizou a terra, consolidou associações e comitês camponeses e criou algumas fazendas estatais. Em 1951, o Comitê Central lança a campanha de repressão aos contrarrevolucionários, resultado em 1 milhão de execuções. Na reforma agrária, houve a eliminação física de 800 mil a um milhão de latifundiários, cuja crueldade era bem conhecida. Até 1952 foram distribuídos 47 milhões de hectares, cerca de 50% das terras cultivadas, entre 300 milhões de camponeses. Para cada família coube aproximadamente 0,4 ha. Os camponeses médios continuaram, em geral, com suas parcelas e seus instrumentos de trabalho. Aos camponeses ricos, por sua vez, foi entregue uma parcela correspondente ao que efetivamente eles poderiam trabalhar com seu próprio esforço; o restante de sua terra e de seus meios de produção foi entregue aos camponeses que não os tinham. Os antigos latifundiários, não culpados de crimes, receberam, do que lhes foi confiscado, o necessário para trabalhar por sua conta. Com este processo, a China passou a ter uma paz social sem precedentes.

Retomando criativamente as teses de Lênin do início da "crise geral do capitalismo" com a guerra mundial imperialista e a Revolução Russa, vinte anos mais tarde, Mao Tsé-tung formula a teoria da *Revolução da Nova Democracia* que seria a primeira fase da revolução proletária — revolução democrático-burguesa conduzida pelo proletariado —, a que se seguiria outra fase propriamente socialista nos países coloniais e semicoloniais, e que seria acompanhada por revoluções socialistas nos países capitalistas desenvolvidos, num processo de "desmembramento" progressivo do sistema capitalista mundial. Para Mao, as características da primeira etapa da transição socialista, a etapa em que se estabelece a "sociedade de nova democracia", seriam:

1. Uma sociedade com traços diferentes das repúblicas capitalistas europeias e estadunidense que se apoiam na ditadura da burguesia, mas também diferente da república socialista de estilo soviético de ditadura do proletariado.
2. Uma sociedade sob a ditadura conjunta de todas as classes revolucionárias do país dirigidas pelo proletariado, em que o proletariado, o campesinato, os intelectuais e a pequena burguesia constituem uma força política independente sob a direção do Partido Comunista.
3. Uma forma de Estado de transição que deve ser adotada em países coloniais e semicoloniais.
4. Apresenta traços característicos do centralismo democrático, com um sistema de assembleias populares a nível nacional, provincial, distrital e cantonal, baseado no sufrágio universal para eleger os respectivos governos, expressar a vontade do povo e facilitar a direção da luta revolucionária.
5. Como sistema econômico, os grandes bancos, as grandes empresas industriais e comerciais, e as grandes extensões dos latifundiários devem ser propriedade do Estado, tendo como objetivo que o capital privado não possa dominar a vida material do povo.
6. O setor estatal da economia será de carácter socialista e constituirá a força dirigente em toda a economia nacional.
7. O Estado não confiscará o resto da propriedade privada capitalista nem proibirá o desenvolvimento daquela produção capitalista que não possa dominar a vida material do povo, já que o atraso da China necessita desta produção.

No início da década de 1960, Mao disse que estava concluída a etapa de *Nova Democracia* e daria início à etapa propriamente socialista. A China entrou num período de estagnação e só depois da morte de Mao adotou as reformas que a estão levando a converter-se numa potência econômica mundial. A República

Popular da China foi muito mais além das ideias e previsões de Mao. Neste sentido, o contributo fundamental foi dado por Deng Xiaoping. Desde finais dos anos setenta e até à sua morte, Deng foi o grande estrategista da modernização do "socialismo ao estilo chinês". Os seus principais pressupostos são os seguintes:

1. A modernização representa uma nova grande revolução. O objetivo desta revolução é libertar e ampliar as forças produtivas. Sem ampliar as forças produtivas, tornando o país mais próspero e desenvolvido, melhorando os níveis de vida do povo, a revolução é apenas conversa fiada. Não se deseja ser pobre sob o socialismo. A superioridade do socialismo ao capitalismo deve ser demonstrada pelo fato de que o socialismo proporciona condições mais favoráveis ao desenvolvimento das forças produtivas do que o capitalismo.
2. Existem quatro condições favoráveis para atingir a meta da modernização: primeiro, o entusiasmo, a iniciativa, a inteligência e a sabedoria do povo chinês; segundo, recursos naturais abundantes; terceiro, 30 anos de experiência com os fundamentos materiais preliminares para o desenvolvimento da indústria, da agricultura, da ciência e da tecnologia; e quarto, prosseguir a política correta de abertura ao mundo exterior.
3. Não existe contradição fundamental entre o socialismo e uma economia de mercado. Mercado e planificação são meios para desenvolver as forças produtivas, sempre e quando respondam a esse propósito. Se servem ao socialismo são socialistas; se servem ao capitalismo são capitalistas. O problema consiste no modo de desenvolver as forças produtivas com mais eficácia. Uma economia planificada, com o passar dos anos, passa a ser um obstáculo ao desenvolvimento das forças produtivas. Combinar uma economia planificada com uma economia de mercado, com o setor público da economia sempre predominante, torna possível desenvolver a economia

para a prosperidade comum, tentando evitar sempre a polarização.

4. É preciso seguir os *quatro princípios cardinais*: manter o rumo socialista, manter a ditadura democrática do povo, manter a direção do Partido Comunista e manter o marxismo-leninismo e o pensamento de Mao Tsé-tung (Marcelino, 2025).

Num fórum sobre trabalho em áreas rurais, em 1975, Deng Xiaoping apontava:

> Há atualmente uma necessidade de colocar as coisas em ordem em todos os campos. A agricultura e a indústria devem ser colocadas em ordem, e as políticas sobre literatura e arte precisam ser ajustadas. Ajuste, de fato, também significa colocar as coisas em ordem. Ao colocar as coisas em ordem, queremos resolver problemas nas áreas rurais, nas fábricas, na ciência e tecnologia, e em todas as outras esferas [...]. A tarefa central para colocar as coisas em ordem é consolidar o Partido. Uma vez que essa tarefa central — a consolidação do Partido — tenha sido cumprida, o resto virá. Neste fórum, devemos discutir essa questão da consolidação do Partido. O camarada Mao Zedong deu sua aprovação. Como devemos consolidar o Partido? Certamente devemos adotar uma abordagem diferente daquela usada no passado. Cada província está sendo solicitada a elaborar um plano à luz de suas próprias características. Devemos dedicar a maior parte de nossos esforços à consolidação dos órgãos dirigentes em diferentes níveis, incluindo os níveis de comuna e brigada de produção em áreas rurais, o nível de oficina em fábricas e o nível de departamento em institutos de pesquisa científica. Dessa forma, os problemas podem ser resolvidos relativamente rápido. E uma vez que os órgãos dirigentes sejam consolidados, os problemas existentes entre os membros de base do Partido serão resolvidos mais prontamente.

Deng então faz prescrições para o partido:

> Os quadros devem ser selecionados após a base para a seleção ter sido estabelecida por meio da consolidação do Partido. Em

> uma brigada de produção, uma comuna ou um condado, se os dois principais homens forem bem escolhidos, todo o corpo de liderança será capaz de trabalhar bem. Consideração especial deve ser dada à seleção da liderança máxima no nível do comitê do Partido do condado. É muito importante estabelecer comitês fortes do Partido do condado. Ser um bom secretário de um comitê do Partido do condado não é fácil: você deve ter ampla experiência como líder e ser capaz de administrar o trabalho em todo o condado e em todos os campos, incluindo Partido, governo, organização de massa e assuntos militares, culturais e educacionais [...]. Ao escolher um quadro de liderança, seja ele velho, jovem ou de meia-idade, temos que ter certeza de que ele está disposto a trabalhar duro e dar o exemplo ao suportar dificuldades. Este é o primeiro critério. Claro, ele também deve ter uma boa cabeça sobre os ombros. Consideração especial deve ser dada agora aos quadros de meia-idade. Por meia-idade, quero dizer aqueles que estão na casa dos quarenta. Eles têm pelo menos 10 a 20 anos de experiência de trabalho, e alguns têm mais de 10 anos de experiência em liderança. Uma vez que um bom candidato seja encontrado, ele deve ser promovido passo a passo. E ele só precisa ficar em cada degrau por um curto período, mantendo um posto por um ano ou mais, digamos, antes de ser promovido. Esse tipo de treinamento é bom e reflete uma preocupação verdadeira com os quadros.

Deng precisava justificar ao partido que as quatro modernizações não eram uma ruptura com sua trajetória, e que estavam cobertas pelo pensamento de Mao Zedong. No início das reformas, argumentava-se, pelo pronunciamento oficial, que haveria um limite para as mudanças. Foi com esse intuito que, ao final da reunião sobre princípios do trabalho teórico do partido do Comitê Central, em 1979, Deng condicionou as quatro modernizações a respeitarem os Quatro Princípios Cardeais políticos e ideológicos do PCCh, que são: "devemos seguir o caminho socialista"; "devemos defender a ditadura do proletariado"; "devemos defender a liderança do Partido Comunista"; e "devemos apoiar o marxismo-leninismo e o pensamento de Mao Zedong". Essa combinação, entre "reforma e abertura" e o respeito aos Quatro Princípios Cardeais, recebeu posteriormente a denominação de "Socialismo com características chinesas", uma das principais contribuições de Deng para a ideologia do PCCh.

Conforme Deng, a modernização socialista é a defesa dos "Quatro Princípios Fundamentais", sendo eles: 1º) Persistir no caminho socialista; 2º) Persistir na ditadura do proletariado; 3º) Persistir na direção do Partido Comunista; 4º) Persistir no marxismo-leninismo e no Pensamento de Mao Zedong. Em sua visão, a modernização socialista da economia chinesa jamais poderia se materializar caso tais princípios fossem abandonados pelo Partido Comunista da China.

Para Deng, "a experiência histórica demonstra que, para consolidar um regime político, é preciso empregar os meios da ditadura. A democracia é para ser aplicada ao povo e a ditadura aos inimigos; este é o significado de ditadura democrática do povo". Em conjunto com as reformas, é preciso se policiar contra qualquer tendência à liberalização. Em suas palavras, "jamais permitiremos que o modo de vida burguês se alastre em nossa terra".

Em um discurso de 1979, intitulado *Persistir nos Quatro Princípios Fundamentais,* Deng Xiaoping lembra os militantes do Partido Comunista da China e o conjunto do povo chinês que as ideias que apregoam a superioridade do capitalismo sobre o socialismo deveriam ser eliminadas. Afirma resolutamente: "Somente o socialismo pode salvar a China". Também chama atenção para o atraso econômico da China em relação aos países capitalistas desenvolvidos, alertando que os países socialistas também podem cometer erros graves – no caso, estaria se referindo principalmente a Revolução Cultural –, mas esses erros na verdade seriam reflexos de influências perniciosas legadas pela velha sociedade, influências que não podem ser superadas em um curto período. Ainda assim, reconhece a superioridade do regime socialista ao capitalista, e que muito útil seria para os países capitalistas caso se livrassem de seus sistemas vigentes, ou seja, empreendessem o caminho da revolução socialista.

É necessário lembrar que desenvolver a democracia socialista não significa deixar de exercer a ditadura do proletariado. A ideia de que a luta de classes, entendida apenas como uma feroz luta entre burguesia e proletariado, que se reflete no Partido por existir neste uma burguesia infiltrada, também é rechaçada. Reconhece-se que também no socialismo existem contrarrevolucionários, agentes secretos a serviço do inimigo, delinquentes de todo tipo que se dedicam a sabotar a ordem socialista, assim como novos exploradores que se dedicam a todo tipo de atividades corruptas. A luta contra tais elementos seria um tipo *sui generis* de luta de classes, existente agora nas condições do socialismo. A ditadura do proletariado deve, portanto, tratar de cuidar de todos aqueles elementos que lutam contra a construção do socialismo.

Em muitos discursos Deng Xiaoping chama a atenção para que os militantes do Partido combatessem de maneira enérgica as práticas perniciosas que surgiam no país, porém sempre fazia questão de ressaltar que mesmo com todos esses problemas, a política de Reforma e Abertura para a modernização da economia socialista da China jamais poderia ser revertida. Falando sobre a necessidade de se persistir fortalecendo o trabalho de educação ideológica na sociedade chinesa, Deng Xiaoping defende o combate a "poluição espiritual" promovida pela difusão de todo tipo de ideias decadentes da burguesia e outras classes exploradoras.

Em 1982, num discurso em uma reunião do Bureau Político do Comitê Central do PCC, que discutiu o documento, "Decisão do Comitê Central do Partido Comunista da China e do Conselho de Estado sobre o Combate ao Crime Econômico Grave", Deng apontou para o problema dos crimes que tendiam a crescer diante da implantação das reformas econômicas:

> Qual é a situação atual? Vários quadros foram corrompidos no breve ano ou dois desde que adotamos a política de abertura ao mundo exterior e estímulo à economia. Muitos estão envolvidos em crimes econômicos. O roubo de propriedade estatal, apropriação indébita e recebimento de propina envolvem materiais e dinheiro. Isso é muito claro e não deve ser difícil evitar erros. Se quisermos quebrar a força desse vento ruim, teremos que tomar medidas rápidas, rigorosas e severas. No momento, achamos que não devemos ser muito severos.

> Mas a pena máxima deve ser aplicada de acordo com a lei a algumas pessoas cujos crimes são particularmente graves. Garanto que é impossível parar esse vento ruim sem uma demonstração de força. Precisamos ter um controle firme sobre esse problema agora e lidar com ele seriamente. Todos os casos devem ser tratados prontamente e, em geral, severamente. Não podemos nos dar ao luxo de levá-los de ânimo leve e ser muito lenientes.

Outra coisa: embora tenhamos dito que não lançaremos um movimento contra o crime econômico, devemos deixar claro que esta será uma luta constante e prolongada. Na minha opinião, durará pelo menos até o dia em que as quatro modernizações forem alcançadas. Se isso significar o fim do século, a luta terá que ser travada diariamente por 18 anos. Acho que o processo de modernização socialista será acompanhado de trabalho e luta em quatro áreas. Essas quatro áreas, que podem ser chamadas de quatro garantias essenciais de nossa manutenção no caminho socialista, são: primeiro, introduzir uma reforma estrutural; segundo, construir uma civilização socialista com alto nível cultural e ideológico; terceiro, combater o crime econômico; e quarto, retificar o estilo de trabalho do Partido e consolidar sua organização, incluindo a manutenção e melhoria da liderança pelo Partido. As três primeiras tarefas foram colocadas em nossa agenda, mas ainda não a quarta. Claro, as três primeiras também têm a ver com a questão do estilo de trabalho do Partido. Uma maneira de consolidar o Partido é expulsar os membros que são culpados de delitos graves e dispensá-los do emprego público. Desfalcadores de somas muito grandes devem ser expulsos do Partido, não importa quanta leniência seja mostrada a eles porque confessaram seus crimes; e se estiverem no serviço militar, devem ser expulsos do exército. Não podemos ser tão lenientes a ponto de permitir que permaneçam no Partido ou no exército, muito menos sejam promovidos. Não há como justificar esse grau de leniência. Eles devem ser expulsos do Partido, do exército e do emprego público. A luta contra o crime econômico é uma maneira de garantir que continuemos no caminho socialista e realizemos as quatro modernizações. É uma luta contínua, um item regular de trabalho. Se não fizermos isso, como podemos falar sobre manter o caminho socialista? Sem essa luta, as quatro modernizações e a política de abertura ao mundo exterior e estímulo à economia terminarão em fracasso.

Em 1983, numa conversa com membros importantes do Ministério da Segurança Pública, Deng Xiaoping apontou que:

> Combater o crime será uma luta de longo prazo e exigirá os esforços das pessoas em todos os campos. O número de crimes, incluindo os graves, aumentou substancialmente, e as pessoas estão muito preocupadas com isso. Nos últimos anos, longe de ser verificado, a tendência cresceu. Por que isso? Principalmente porque hesitamos em tomar medidas rápidas e severas para combater criminosos e demos a eles sentenças muito leves. Isso é verdade tanto para crimes econômicos quanto para crimes violentos, como roubo e assassinato. Infratores graves, incluindo, por exemplo, assassinos, ladrões, membros de gangues criminosas, instigadores de crimes, criminosos habituais que continuam a passar suas habilidades criminosas para outros enquanto são reformados ou educados pelo trabalho, comerciantes de seres humanos e proprietários de bordéis, devem ser presos e processados sem falta, reformados pelo trabalho ou severamente punidos de acordo com a lei. Vários criminosos devem ser executados de acordo com a lei, e alguns outros devem ser colocados atrás das grades por um longo tempo. Devemos continuar reprimindo os criminosos, prendendo-os sempre que eles aparecerem.

Em setembro de 1983, a Campanha Anticrime foi iniciada nos mais altos níveis da liderança chinesa e dirigida de cima para baixo. Eles estavam convencidos de que o comportamento criminoso estava ficando fora de controle e que medidas de emergência eram necessárias. Ela durou três anos e cinco meses. Durante as "três batalhas" da campanha, cerca de 197.000 núcleos criminosos foram alvos, quase 2 milhões de pessoas foram presas e processadas, 321.000 foram "reeducadas para o trabalho" e houve cerca de 30.000 condenadas à morte, tendo um efeito imediato na segurança pública. Várias pessoas presas (algumas até receberam pena de morte) eram filhos ou parentes de funcionários do governo em vários níveis, incluindo o neto de Zhu De, demonstrando o princípio da "igualdade perante a lei". A campanha continuou esporadicamente ao longo do tempo, com casos generalizados e múltiplos de execução de gangsters e indivíduos envolvidos no crime organizado, especificamente em casos de roubos, sequestros, chantagens e tráfico de drogas. O número de execuções provavelmente triplicou durante os primeiros 8 anos após o início das reformas em 1978. Com a firme crença de Deng nos efeitos preventivos da punição severa, ele acusou os tribunais de serem "muito brandos com os criminosos". Deng pediu diretamente um uso maior da pena de morte e defendeu a extensão de seu uso a casos envolvendo grandes furtos, corrupção, reincidência e uma série de crimes onde não havia sido prontamente usada no passado. As execuções foram frequentemente realizadas imediatamente após a sentença, e às vezes na frente de grandes multidões. Como parte da repressão, sentenças duras passaram a ser impostas para crimes relativamente menores. Deng defendeu a pena de morte para aqueles que "se aproveitam das superstições das pessoas" e aqueles que "organizam sociedades secretas reacionárias". Hoje, quase 70 tipos de crime acarretam a pena de morte, na prática pode haver até mais. A maioria dos chineses tem um medo profundo da ilegalidade e do caos. Há um forte apoio a um governo que mantém a lei e a ordem e aplica punições severas com força àqueles que infringem a lei. Em 1992, Deng apontava que:

> Há duas tarefas nas quais temos que continuar trabalhando: por um lado, o processo de reforma e abertura, e por outro, a repressão ao crime. Devemos ser firmes em relação a ambos. No combate ao crime e na eliminação dos males sociais, não devemos ser brandos. Guangdong está tentando alcançar os "quatro pequenos dragões" da Ásia em 20 anos, não apenas em termos de crescimento econômico, mas também em termos de ordem pública melhorada e conduta social geral — ou seja, devemos superá-los em progresso material e ético. Só isso pode ser considerado construção do socialismo com características chinesas. Graças a uma administração rigorosa, Cingapura tem boa ordem pública. Devemos aprender com

> sua experiência e superá-la nesse aspecto. Desde que a China abriu suas portas para o mundo exterior, coisas decadentes entraram junto com as outras, e males como abuso de drogas, prostituição e crimes econômicos surgiram em algumas áreas. Atenção especial deve ser dada a esses males, e medidas resolutas devem ser tomadas para eliminá-los e impedir que se espalhem. Após a fundação da Nova China, levou apenas três anos para acabar com essas coisas. Quem neste mundo já foi capaz de eliminar o abuso de ópio e heroína? Nem o Kuomintang nem os países capitalistas. Mas os fatos mostraram que o Partido Comunista foi capaz de fazer isso. Ao longo do processo de reforma e abertura, devemos combater a corrupção. Quadros e membros do Partido devem considerar de suma importância construir um governo limpo. Mas ainda temos que confiar na lei, que fornece uma garantia firme. Em suma, enquanto desenvolvermos nossas forças produtivas, mantivermos uma taxa de crescimento econômico razoável, promovermos a reforma e a abertura e, ao mesmo tempo, reprimirmos o crime, seremos capazes de construir uma sociedade socialista com padrões éticos avançados.

Para Deng:

> [...] um problema mais importante no momento, eu acho, é a frouxidão e a fraqueza e o medo de criticar tendências erradas. Assim que você critica algo, você é acusado de brandir um grande porrete. É muito difícil hoje em dia para nós realizarmos críticas, muito menos autocrítica. A autocrítica é uma das três principais características do estilo de trabalho do nosso Partido, uma das principais características que distinguem nosso Partido de outros partidos políticos. Para um bom número de nosso povo, no entanto, agora parece difícil praticá-la.

O autor segue:

> Não é algo simples introduzir reformas e modernizar nosso país, e nunca alimentamos ilusões de que tudo seria fácil. Haverá inevitavelmente interferência de várias direções, incluindo tanto a direita quanto a "esquerda". Se no passado

> demos muita atenção à interferência da "esquerda" em detrimento da direita, a recente agitação estudantil nos lembrou que deveríamos estar mais cautelosos contra a última. Temos que remover os obstáculos. Sem estabilidade e unidade política, seria impossível para nós continuar com a construção, muito menos realizar a reforma e buscar a política aberta — nenhum desses esforços poderia ter sucesso. Abrir-se para o mundo exterior não é uma questão simples, e a reforma é ainda mais difícil e deve ser conduzida de forma ordenada. Ou seja, devemos ser ousados e cautelosos ao mesmo tempo, e rever nossa experiência com frequência para avançar com mais segurança. Sem ordem, teríamos que dedicar todas as nossas energias ao combate à interferência de um tipo ou de outro, e esse seria o fim da reforma. Em suma, estou convencido de que nossas realizações futuras serão uma demonstração adicional da correção de nossa linha, princípios e políticas atuais. Os problemas serão resolvidos gradualmente, desde que continuemos nos desenvolvendo da maneira como fizemos nos últimos oito anos, tentemos superar a interferência de qualquer lado e continuemos a crescer, avançar e elevar o padrão de vida.

Para Deng e outros reformistas, a estabilidade é de suma importância e que deve orientar a ditadura democrática popular. Dizia que "se algumas pessoas praticam a liberalização burguesa e criam tumulto exigindo direitos humanos e democracia burguesa, é preciso pará-las". Marx disse uma vez que a teoria da luta de classes não foi sua descoberta. O cerne de suas teorias era a ditadura do proletariado. Por um longo período de tempo, o proletariado, como uma classe nova e ascendente, é necessariamente mais fraco do que a burguesia. Se quiser tomar o poder político e construir o socialismo, deve, portanto, impor uma ditadura para resistir ao ataque capitalista. Para manter o caminho socialista, é preciso defender a ditadura do proletariado, também chamada de ditadura democrática popular. O Partido não poderia relaxar nesse combate, devendo prestar atenção em avançar e reafirmar o seu caráter marxista e proletário. Para Deng:

> Devemos defender a ditadura do proletariado. Fizemos muita propaganda explicando que a ditadura do proletariado

significa democracia socialista para o povo, democracia desfrutada pelos trabalhadores, camponeses, intelectuais e outros trabalhadores, a democracia mais ampla que já existiu na história. No passado, não praticamos a democracia o suficiente e cometemos erros. Sem democracia não pode haver socialismo e nem modernização socialista. Claro, a democratização, como a modernização, deve avançar passo a passo. Quanto mais o socialismo se desenvolve, mais a democracia deve se desenvolver. Isso está além de qualquer dúvida. No entanto, o desenvolvimento da democracia socialista não significa de forma alguma que podemos dispensar a ditadura do proletariado sobre forças hostis ao socialismo. Somos contra a ampliação do escopo da luta de classes. Não acreditamos que haja uma burguesia dentro do Partido, nem acreditamos que sob o sistema socialista uma burguesia ou qualquer outra classe exploradora ressurgirá após as classes exploradoras e as condições de exploração terem sido realmente eliminadas. Mas devemos reconhecer que em nossa sociedade socialista ainda existem contrarrevolucionários, agentes inimigos, criminosos e outros elementos ruins de todos os tipos que minam a ordem pública socialista, bem como novos exploradores que se envolvem em corrupção, peculato, especulação e lucro. E também devemos reconhecer que tais fenômenos não podem ser todos eliminados por muito tempo. A luta contra esses indivíduos é diferente da luta de uma classe contra outra, que ocorreu no passado (esses indivíduos não podem formar uma classe coesa e aberta). No entanto, ainda é uma forma especial de luta de classes ou uma forma especial do que sobrou, sob condições socialistas, das lutas de classes da história passada. Ainda é necessário exercer a ditadura sobre todos esses elementos antissocialistas, e a democracia socialista é impossível sem ela. Essa ditadura é uma luta interna e, em alguns casos, uma luta internacional também; na verdade, os dois aspectos são inseparáveis. Portanto, enquanto a luta de classes existir e enquanto o imperialismo e o hegemonismo existirem, é inconcebível que a função ditatorial do estado deva definhar, que o exército permanente, os órgãos de segurança pública, os tribunais e as prisões devam definhar. Sua existência não está em contradição com a democratização do estado socialista, pois seu trabalho correto e eficaz garante, em vez de dificultar, tal democratização. O fato é que o socialismo não pode ser defendido ou construído sem a ditadura do proletariado.

Zhou Xincheng enfatiza que mesmo num país que se diz socialista, não se pode subestimar a extensão da influência de ideologia burguesa dentro da China. Desde o início das reformas existem forças que atuam no sentido de desviar a política de Reforma e Abertura de sua orientação marxista e socialista. Essas forças se aproveitam, de maneira oportunista, da necessidade de o país desenvolver suas forças produtivas utilizando múltiplas formas de propriedade como meio de promover a privatização da economia chinesa. Elas também negam um dos princípios básicos do socialismo chinês, que consiste no fato das empresas estatais serem a coluna vertebral da economia do país, colocando no mesmo patamar a propriedade privada e a propriedade estatal. A propriedade privada, apesar de na fase primária do socialismo ainda desempenhar um papel importante para o desenvolvimento das forças produtivas, representa as relações de produção capitalistas, portanto, ao serem introduzidas produzem todos os problemas e contradições do capitalismo. O capitalismo constrói uma superestrutura e ideologia que são compatíveis com seu modo de produção de acordo com a lógica da operação do capital. Sob as condições de uma economia de mercado socialista, essa lógica não muda. O movimento espontâneo da economia de mercado e a busca de lucro por entidades de capital dentro dela irão continuamente corroer a superestrutura e a ideologia do socialismo, e podem levar ao desequilíbrio ou mesmo à desintegração da economia de mercado socialista, levando a sociedade ao capitalismo. Para Deng, neste sentido, a pedra angular da liberalização burguesa é a oposição à liderança do Partido. E sem a liderança do Partido não haveria sistema socialista. Em suas palavras:

> Se a China fosse totalmente ocidentalizada e se tornasse capitalista, seria absolutamente impossível para nós nos modernizarmos. O problema que temos que resolver é como permitir que nosso bilhão de pessoas se livre da pobreza e se torne próspero. Se adotássemos o sistema capitalista na China, provavelmente um pequeno número de pessoas enriqueceria, enquanto a esmagadora maioria permaneceria em um estado permanente de pobreza. Se isso acontecesse, haveria

uma revolução na China. A modernização da China pode ser alcançada apenas por meio do socialismo, não do capitalismo. Houve pessoas que tentaram introduzir o capitalismo na China, e elas sempre falharam.

Deng dizia que "China deve se modernizar; ela não deve absolutamente liberalizar ou tomar o caminho capitalista, como os países do Ocidente fizeram".

> A menos que contenhamos a liberalização burguesa, não podemos colocar nossa política aberta em prática. Nosso impulso de modernização e a política aberta devem excluir a liberalização burguesa. Nos últimos anos, tem havido pensamento liberal não apenas na sociedade em geral, mas também dentro do Partido. Se essa tendência fosse permitida a se espalhar, ela prejudicaria nossa causa. Em suma, nosso objetivo é criar um ambiente político estável; em um ambiente de agitação política, seria impossível para nós prosseguir com a construção socialista ou realizar qualquer coisa. Nossa principal tarefa é construir o país, e coisas menos importantes devem ser subordinadas a isso. Mesmo que haja uma boa razão para tê-las, a tarefa principal deve ter precedência.

Deng retoma as ideias de a chave para o sucesso na modernização, na reforma e na abertura para o exterior ser a estabilidade. Em sua opinião, é necessário combater quaisquer forças que ameacem a estabilidade, não cedendo a elas ou mesmo fazendo quaisquer concessões.

> Não devemos nos preocupar com o que os estrangeiros dizem; deixe-os dizer o que quiserem. Não podemos viver sem ditadura. Não devemos apenas reafirmar a necessidade dela, mas exercê-la quando necessário. Claro, devemos ser cautelosos sobre recorrer a meios ditatoriais e fazer o mínimo de prisões possível. Mas se algumas pessoas estão empenhadas em provocar derramamento de sangue, o que faremos a respeito? Nosso princípio é: primeiro expor sua conspiração e então fazer o nosso melhor para evitar derramamento de sangue, mesmo que isso signifique que algumas de nossas próprias pessoas se machuquem. Devemos garantir que os líderes que violaram a lei sejam sentenciados de acordo com a lei. Se não

> tivéssemos feito isso, não teríamos posto fim aos distúrbios recentes. Se não tivéssemos tomado nenhuma atitude e recuado, só teríamos mais problemas no futuro.

Para Deng, a luta contra a liberalização burguesa duraria pelo menos 20 anos. "A democracia só pode se desenvolver gradualmente, e não podemos copiar os sistemas ocidentais. Se o fizéssemos, isso só faria uma bagunça. Nossa construção socialista só pode ser realizada sob liderança, de forma ordenada e em um ambiente de estabilidade e unidade. A liberalização burguesa mergulharia o país em turbulência mais uma vez. A liberalização burguesa significa rejeição da liderança do Partido; não haveria um centro em torno do qual unir nosso bilhão de pessoas, e o próprio Partido perderia todo o poder de lutar". Em 1992, Deng apontava:

> Um dos conceitos básicos do marxismo é que o sistema socialista deve ser defendido pela ditadura do proletariado. Marx disse uma vez que a teoria da luta de classes não foi sua descoberta. Sua verdadeira descoberta foi a teoria da ditadura do proletariado. A história provou que uma nova classe ascendente que acaba de tomar o poder é, em termos gerais, mais fraca do que as classes opostas. Portanto, deve recorrer à ditadura para consolidar seu poder. A democracia é praticada dentro das fileiras do povo e a ditadura sobre o inimigo. Esta é a ditadura democrática do povo. É correto consolidar o poder do povo empregando a força da ditadura democrática do povo. Não há nada de errado nisso. Estamos construindo o socialismo há apenas algumas décadas e ainda estamos no estágio primário. Levará um longo período histórico para consolidar e desenvolver o sistema socialista, e exigirá uma luta persistente de muitas gerações, uma dúzia ou mesmo várias dezenas. Nunca podemos descansar em nossos remos.

Durante todo o processo de reformas, de 1978 até nossos dias, a China manteve a característica leninista-stalinista em torno da natureza sistemática e continuada do planejamento chinês e a capacidade de fazer políticas efetivas de seu Estado nacional.

A sociedade socialista deve controlar os meios de produção e estabelecer a economia estatal mediante a ditadura do proletariado, como propuseram Marx e Engels. Porém, o principal elemento que explica a ascensão da China não é ter se transformado num país capitalista, mas a capacidade de "sinicização do marxismo", isso é, o socialismo com características chinesas – com seu sistema político singular. A sistemática chinesa de formulação e implementação de planos quinquenais confere ao seu planejamento, quer em termos gerais ou setoriais, uma eficácia muito maior que em países capitalistas. Em primeiro lugar, porque a cultura de planejamento de longo prazo já está estabelecida e é uma rotina para todos os órgãos de governo. Em segundo lugar, porque há continuidade nas ações e os novos planos dão sequência aos anteriores, sem as rupturas que comumente ocorrem na democracia liberal. Em terceiro lugar, porque a implementação dos programas é favorecida pelo grau de comando e controle que o Estado chinês possui sobre muitos dos atores envolvidos, que em grande parte depende diretamente do governo (empresas estatais, institutos federais de pesquisa, etc.) ou estão sujeitos a regras bem rígidas.

O principal fio condutor na história da China desde 1949 é a persistente estrutura institucional Partido/Estado, com toda sua centralidade, ora contestada, ora reforçada, e seus efeitos amplos e profundos, ideológicos, políticos e econômicos, na vida chinesa. O enraizamento do partido está em cada província, cada cidade, escola, asilo, vilarejo, comandos por bairro, etc. – hoje até nas grandes empresas. O sistema de governança nacional sob a liderança do Partido Comunista da China é o resultado do desenvolvimento de longo prazo, melhoria gradual e evolução endógena com base na herança histórica, tradições culturais e desenvolvimento econômico e social da China. O conceito de aperfeiçoamento integra a expectativa entre as gerações. O Partido, com cerca de 80 milhões de pessoas, é singular em tamanho e sua forma de organização, com capacidades de governança incomparáveis aos sistemas ocidentais, tendo vantagens significativas que outros partidos políticos não possuem.

O enraizamento do partido na sociedade chinesa é profundo e capilar. Em junho de 2021, como parte dos preparativos para o 20º congresso, o Departamento Central de Organização (COD) divulgou estatísticas descrevendo a demografia do PCCh. Existem 95,2 milhões de membros, dos quais 27,5 milhões (29%) de mulheres. As organizações partidárias são estabelecidas em 29.693 municípios, 113.268 comunidades (comitês de bairro), 8.942 ruas urbanas e 491.748 vilas administrativas em todo o país, com uma taxa de cobertura superior a 99,9%. Cerca de 49,5 milhões de membros têm um diploma universitário de dois anos ou mais. Entre janeiro de 2020 e junho de 2021, o PCCh recrutou 4,7 milhões de novos membros, 80% dos quais com menos de 35 anos. Atualmente, tem 4,86 milhões de organizações de base – 742 mil em agências governamentais, 933 mil em instituições públicas, 1,51 milhões em empresas e 162 mil em organizações sociais.

O Partido Comunista da China pratica o centralismo democrático, tem um sistema organizacional e disciplina rígidos, cobrindo todos os departamentos e campos e alcançando o nível de base. Ao contrário dos partidos ocidentais que são relativamente frouxos, sem base de mobilização popular real, com divisão de poderes e governos, muitas vezes em conflito permanente, o Partido Comunista da China é capaz de unificar pensamentos e ações, com forte capilaridade social e capacidade organizacional, alta eficiência no planejamento e execução, podendo realizar tarefas importantes e responder efetivamente aos principais desafios nacionais. Ele absorve grande maioria dos membros proeminentes da sociedade chinesa para se tornarem membros do partido, mas também tem talentos notáveis de todas as esferas da vida, o que é incomparável a qualquer outra organização política. É verdade que a China costuma ser alvo de críticas por concentrar o poder no Partido Comunista, mas as vantagens de tal sistema político são evidentes.

Deve-se notar que a "democracia" é defendida por Deng Xiaoping como a principal medida política para restaurar a ordem não é uma mudança em direção à democracia liberal no sentido ocidental. Este uso do conceito "democracia" deve ser ajustado ao seu contexto chinês e interpretado no quadro do princípio de centralismo democrático do Partido Comunista Chinês. A referência de Deng Xiaoping à "democracia" se refere a um passo para trás em direção a uma democracia com consciência de classe baseada na teoria clássica do marxismo-leninismo. Esta compreensão de "democracia" apenas enfatiza a sua função organizacional para a tomada de decisões dentro do Partido. Mais significativamente, esse entendimento de "democracia" não concede direitos eleitorais gerais dentro do estado. Como Deng Xiaoping explicou:

> Que tipo de democracia o povo chinês precisa hoje? Só pode ser democracia socialista, democracia popular, e não democracia burguesa, democracia individualista. A democracia popular é inseparável da ditadura sobre o inimigo e do centralismo baseado na democracia. Praticamos o centralismo democrático, que é a integração do centralismo baseado na democracia com a democracia sob a orientação do centralismo. O centralismo democrático é parte integrante do sistema socialista. Sob este sistema, os interesses pessoais devem ser subordinados aos coletivos, os interesses da parte aos do todo, e os interesses imediatos aos de longo prazo. Em outras palavras, os interesses limitados devem ser subordinados aos interesses gerais, e os interesses menores aos maiores [...]. Essa é a situação política que existe quando há uma verdadeira democracia socialista — a situação que devemos nos esforçar para criar hoje e nos próximos anos.

É verdade que a China não tem uma democracia liberal ao estilo ocidental, onde os eleitores elegem o chefe de estado a cada poucos anos. Mas ela tem seu próprio sistema de democracia, ao qual se refere como uma "democracia popular de processo integral", com princípios de centralismo democrático e um sistema partidário único. Este sistema busca institucionalizar o engajamento popular no processo de formulação de políticas para garantir a capacidade de resposta às necessidades das pessoas. As eleições diretas ocorrem nos dois níveis mais locais do Congresso Nacional do Povo, com os deputados eleitos votando naqueles que servirão nos níveis mais altos. Ao mesmo tempo, ainda hoje muitos elementos do sistema político chinês guardam grandes semelhanças com o modelo que se estabeleceu gradualmente na União Soviética no final da década de 1920 e início da década de 1930. O modelo político que estabelece a direção do Partido Comunista sobre as atividades do Estado e da sociedade é uma influência direta do sistema político de tipo soviético, mesmo que entre eles haja algumas diferenças (por exemplo, no caso chinês há ao mesmo tempo um sistema de consulta política que permite a existência de outros partidos).

No caso chinês, a visão do Estado hobbesiano é, em grande medida, dada pelos teóricos legalistas antigos. Esta visão ajudou os comunistas chineses – de Mao a Xi – a evitar o messianismo e o rousseanismo do marxismo. O principal livro legalista chinês de Han Fei era um dos livros favoritos do Presidente Mao e o citava repetidamente em seus discursos. Mao era muito familiarizados com obras históricas importantes e com o que é conhecido como "a arte de governar" 帝王之術. A identificação de Mao com Qin Shihuang ao longo da vida é bem conhecida. O primeiro imperador veio de um interior, treinou um exército altamente disciplinado e o liderou por inúmeras campanhas militares até a vitória, assim como Mao. Quando jovem, Mao lera *Han Feizi* várias vezes e teria até decorado capítulos inteiros. "O que Han Fei queria dizer com 'força e força' era poder", disse Mao concluindo: "Um imperador inteligente deve controlar o poder". Em 1958, logo após a "Campanha Antidireitista", Mao evocou o espectro de Qin Shihuang. "Qin Shihuang não era nada comparado a nós".

Em 2015, *o People's Daily Press* publicou um livro intitulado *Xi Jinping Cita os Clássicos.* Os editores do livro vasculharam os discursos e escritos de Xi para compilar uma lista de citações. Na esteira desta publicação, Yang Lixin, um dos editores da coleção, fez mais alguns ajustes para elaborar uma lista dos Dez Melhores, ou seja, "as obras mais frequentemente citadas, bem como as mais importantes que melhor refletem suas ideias sobre governança". Duas das citações no Top 10 são de *Hanfeizi.* A primeira diz: "Nenhum país é permanentemente forte, nem permanentemente fraco. Se aqueles que impõem a Lei forem fortes, o país será forte; se forem fracos, o país será fraco". Xi Jinping cita Han Fei regularmente. "Quando a lei muda com o tempo, ela é bem governada, e quando a lei e o mundo são apropriados, há mérito", disse citando Han Fei sobre a necessidade de a legislação acompanhar o tempo. Em 2015, Xi cita Han Fei quando fala sobre como ser um bom secretário distrital. Em suas palavras, os distritos são um elo-chave na organização do Partido e do Estado e uma base importante para desenvolver a economia, garantir o bem-estar da população, manter a estabilidade e promover a ordem e a paz duradouros. "Os nossos ancestrais diziam que quando os distritos estavam bem governados, o país estava em paz. Na China, os distritos aparecem no período da Primavera e Outono (770-476 a.C.) e foram consolidados e desenvolvimentos na dinastia Qin (221-206 a.C.). Ao longo de mais de 2000 anos, eles permanecem como uma unidade básica na estrutura estatal do nosso país e continuam existindo até hoje" (idem, p. 166). Xi reitera a grande importância do processo de seleção e nomeação dos funcionários de nível distrital e cita Han Fei: "os nossos ancestrais acreditavam que 'os primeiros ministros devem ter servido como funcionários locais e os grandes generais devem ter se destacado entre os soldados'". Fazendo ecoar Han Fei, Xi também assevera que "devemos criar um ambiente social no país no qual todos consideram decoroso o cumprimento da lei e vergonhosa a sua violação, tornando a conduta de respeitar a lei uma busca comum de todo o povo e sua ação consciente" (idem, p. 146). A utilização dos ensinamentos pode ser observada em sua ênfase construção da soberania e fortalecimento do poder do Partido Comunista Chinês. Xi implementou políticas voltadas à consolidação do poder, como campanhas anticorrupção e medidas para manter a disciplina dentro das fileiras do partido. Dessa forma, de Mao Tsé-Tung a Xi Jinping, passando por Deng Xiaoping, mantém-se a utilização da tradição filosófica legalista como um meio para racionalizar o estabelecimento de um controle hierárquico dentro do Partido Comunista Chinês e no Estado.

2.3 Marxismo Hobbesiano

Tem sido difícil encontrar uma estrutura conceitual que possa desvendar qual é o poder dos partidos comunistas e o caráter do estado socialista. Obviamente que as ditaduras do proletariado não se baseiam direta ou indiretamente nas diretrizes colocadas por Hobbes, todavia, como poderemos asseverar o fato que, em alguns aspectos, estas experiências guardam várias semelhanças com aquela teoria geral do clássico pensador inglês. Quem melhor nos ajuda a compreender as experiencias de socialismo real é Leviatã de Hobbes, que reflete o caráter profundo do partido e do sistema governante em países que passaram por revoluções socialistas. Em primeiro lugar, Leviatã propõe uma "comunidade" como o grande princípio da ordem na sociedade humana. Ela aparece como uma entidade abrangente e unificadora à qual os indivíduos devem jurar lealdade e fidelidade em troca de estabilidade e ordem – evitando assim o "estado de guerra" natural, de indivíduos lutando contra indivíduos, que de outra forma prevaleceria.

Hobbes destacava características das situações centrais para aqueles envolvidos em revoluções. Hobbes não era um protocomunista, mas sua teoria joga um papel não intencional nas lideranças comunistas de uma nação. A fundação de qualquer nação bem sucedida depende do fortalecimento de suas estruturas governamentais.

A questão da ditadura do proletariado exige uma visão hobbesiana para enfrentar o desafio de criar um novo poder soberano. O raciocínio de Hobbes recebe confirmação das experiências das revoluções socialistas. Hobbes concentra-se na presença ou ausência de uma autoridade soberana universalmente reconhecida, o que chama de Leviatã. Nos processos revolucionários socialistas, esta é uma questão fundamental. Afinal, os estados socialistas devem ser estados soberanos, com direito de tomar o comando final, ser capaz de tomar decisões, elaborar uma grande estratégia de desenvolvimento nacional e ver ela ser executada.

A visão de Hobbes de uma comunidade como fonte de ordem e manancial de autoridade soberana à qual os indivíduos devem prestar lealdade guarda paralelos com as operações dos estados socialistas. Primeiro, *Leviatã* mostra os riscos da dissidência e a ameaça existencial que ela representa: não apenas para a comunidade, mas para o próprio princípio da ordem. Para Hobbes, o poder é um jogo de soma zero. Ele se encontra em um só lugar e, quanto mais se dissipa , mais desestabilizador e perturbador se torna. Além disso, a visão de Hobbes do monarca como o repositório do poder encontra fácil tradução no corpo corporativo do Partido Comunista. A necessidade de concentrar o poder em um só lugar continua vital para o partido. Em segundo lugar, a leitura da obra-prima de Hobbes ilumina a maneira como os comunistas se relacionam com o poder e os contrastes com a forma como os partidos políticos operam em sistemas multipartidários.

As ditaduras do proletariado serão construídas sobre as ruínas do Estado burguês. É precisamente com base nesses recursos acumulados no capitalismo que o socialismo busca resolver tensões e conflitos entre as classes, forças produtivas e relações de produção, superar as restrições da propriedade privada dos meios de produção e enfrentam as contradições que surgem no processo. Com as conquistas extraordinárias do socialismo na Rússia, na China e em outros lugares, foram se dando concretude histórica ao conteúdo socialista, com novos Leviatãs Proletários. A influência do movimento socialista nas vastas colônias e semicolônias continuou crescendo. O socialismo demonstrou a viabilidade de que os povos oprimidos fizessem novas escolhas e construíssem novas sociedades, tornando-se, assim, um recurso intelectual extremamente importante para esses países em sua resistência contra a agressão e a conquista capitalista.

Os comunistas no poder partem da ideia de que a livre associação de cidadãos iguais rousseauniana é incompatível com o atraso econômico e as exigências da industrialização. Muitos culpam bolcheviques e maoístas pela liderança férrea e única. Mas é correto afirmar que a revolução leva imediatamente à tarefa de construir um Estado socialista forte, frequentemente despótico e soberano, para realmente superar a inércia herdada. Nesta construção, em ritmo de emergência, seria ingênuo levar em conta as demandas de "pluralismo partidário", desvirtuando os objetivos concretos de construção de uma nova soberania popular.

A teoria fundamental de Hobbes concentra-se na presença ou ausência de uma autoridade soberana universalmente reconhecida. Por isso, Hobbes é muito atual. Todo aquele que leu o *Leviatã* sabe que inúmeras reflexões feitas nessas obras continuam a ser importantes para compreender a política no mundo atual. Hobbes desempenha um papel pequeno nas avaliações marxistas sobre os Estados socialistas, seja na URSS, na China ou outros países. Porém, nota-se uma estrutura hobbesiana sendo adotada pelas lideranças sociais, dos altos líderes bolcheviques, aos comunistas chineses, cubanos, coreanos, vietnamitas, etc. Isso se deve principalmente as lacunas da teoria marxista do Estado. Na prática da revolução social, os comunistas no poder se depararam com questões essencialmente hobbesianas. Sabe que a perspectiva hobbesiana se concentra na presença ou ausência da *autoridade política soberana* de um país. Hobbes destaca precisamente características da situação que foram omitidas por Marx, mas centrais para aqueles envolvidos na Revolução, sejam trabalhadores, camponeses ou líderes partidários.

Marx, Engels, Lênin, Stálin, Mao, Deng, Fidel, Ho Chi Minh, Kim Il Sung e outras lideranças são devedores de Hobbes, independentemente de sua racionalização. Na prática revolucionária de construção de Estados Socialistas, se afirmou que agimos conforme nosso poder mais do que de acordo com nossas necessidades. Para Hobbes, "o cargo do soberano consiste na finalidade para o qual ele foi confiado com o poder soberano, ou seja, a busca da segurança do povo. Por segurança não queremos dizer a simples Preservação, mas também todos os outros Contentamentos da vida, o quais todos devem obter para si mesmos por seu trabalho legítimo e sem pôr o Estado em perigo ou dano" (p. 299).

Para Kim Il Sung, líder da Coréia Popular, a ditadura do proletariado não poderá desaparecer, e menos ainda se poderá falar da extinção do Estado, enquanto o capitalismo subsistir no mundo. Haverá a ditadura do proletariado enquanto existir a luta de classes; a ditadura do proletariado é necessária para conduzir a luta de classes. Mas há várias formas de luta de classes. Uma coisa é a forma de luta de classes no derrube do capitalismo, outra coisa é a luta de classes depois do derrube do capitalismo. A luta de classes durante a revolução socialista é uma luta que visa liquidar os capitalistas enquanto classe; a luta de classes na sociedade socialista, é uma luta que tem por objetivo a unidade e a coesão, e não é de forma nenhuma uma luta de classes destinada a semear a discórdia e a inimizade entre os membros da sociedade. Na sociedade socialista conduz-se à luta de classes, mas segue-se o método da cooperação com vista à unidade e à coesão. Na sociedade socialista há uma forma da luta de classes que consiste em exercer a ditadura sobre os inimigos do exterior e do interior, ao lado da forma principal da luta de classes que consiste em revolucionarizar e remodelar, pelo método da cooperação, os operários, os camponeses e os intelectuais trabalhadores com vista à sua unidade e à sua coesão. Por isso, na sociedade socialista a luta de classes não desaparece, mas continua sempre; apenas muda de forma.

As experiências socialistas nos últimos dois séculos nos levam a reabilitar Hobbes como o filósofo que poderia ser empregado na compreensão do mundo moderno. Apesar de ser diálogo pouco explícito, o marxismo real foi forçado a retornar às posições de Hobbes, que pareciam ímpias. A teoria marxista do Estado – de Marx, Engels, Lênin, Stálin, Trotsky, Zinoviev, Mao, Deng, Fidel, Che, Kim Il Sung e diversos outros líderes comunistas revolucionários – baseiam seus argumentos em um raciocínio essencialmente hobbesiano. Prestar atenção a essa perspectiva hobbesiana que nos permite descobrir argumentos políticos que até então foram negligenciados. Por outro lado, esses argumentos práticos nos permitem ver como a perspectiva teórica hobbesiana pode funcionar na prática.

Durante o século XX, dezenas de governos populares foram derrubados, líderes assassinados e processos revolucionários interrompidos pela intervenção imperialista em nome da democracia e do liberalismo, reforçando a ideia de que a única opção viável para assegurar um processo revolucionário é que ele se torne armado e centralizado. Como os estados sociais podem garantir sua soberania nacional num contexto imperialista? Seria um contrassenso a afirmação de que dissolvendo o Estado isso seria possível. Para resistir às investidas externas e internas para subverter o Estado, a ditadura do proletariado necessita de um Leviatã que garanta a transição na propriedade da terra e outros meios de produção.

A crítica ao capitalismo e seu Estado foi construída sobre a base lógica histórica de Hegel, mas construção de Estados socialistas são muito mais hobbesianos, mesmo sem reconhecer este fundamento. A luta real e sangrenta de Estados pós-capitalistas pode ser retratada em quase todos os escritos de Lênin, Stálin, Mao, Deng, Kim Il Sung, Ho Chi Minh, entre outros líderes revolucionários. Com a chegada ao poder, a atitude ingênua sobre como funciona o poder é um atestado de morte. A luta de classes teve que adquirir uma forma concreta. Hobbes apontava que "os Pactos, sem a espada, são meras palavras sem força nenhuma para oferecer qualquer tipo de segurança. Se não for um Poder ou, se for instituído e ele não for suficientemente forte para garantir nossa segurança, cada homem irá e poderá, de forma legítima, confiar em sua própria força e habilidade para se defender de um cada um dos outros homens". Parafraseando Hobbes, diante de forças contrarrevolucionárias (externas e internas), é preciso um Poder Comum que intimide e direcione suas ações para o Benefício Comum. E a única maneira de erigir esse Poder Comum é a entrega de todo o poder ao Partido Comunista que possa transformar as Vontades de cada um em uma Vontade Única. Assim nasce o grande Leviatã Socialista, ou ditadura do proletariado. Onde não há Estado socialista, há uma guerra perpétua de cada homem contra seu vizinho.

O principal elemento hobbesiano de Marx, Engels, Lênin, Stálin, Mao, Deng, Fidel e outras lideranças marxistas é o papel da ditadura do proletariado – ou Leviatã Socialista – na política revolucionária. Sem esse elemento, não foram conquistados resultados positivos, consistentes e duradouros para o socialismo. Para os marxistas, defender a necessidade da ditadura do proletariado é inegociável, pois é fundamental para a uma verdadeira coesão social e a superação de permanentes tentativas de desestabilização e derrota do novo regime político.

Hobbes esboça a dinâmica criada pela ausência de um poder soberano, resumida como "a condição de uma Guerra de todos contra todos". Sem instituições de coordenação confiáveis na sociedade em geral, ninguém pode realmente confiar em ninguém. A guerra de todos contra todos é, nesta situação, uma necessidade objetiva, independentemente da psicologia humana. Hobbes argumenta que este é o pior estado de coisas possível. Este tipo de situação acontece em situações como a guerra civil russa e chinesa, onde se generaliza o "medo contínuo e perigo de morte violenta". Foram nos vácuos de poder, nos momentos em que as rotinas da vida cotidiana não significam nada e a mera existência está em jogo, em que Estados socialistas se constituíram. Uma transição real de poder – de ordem revolucionária – aconteceu apenas em momentos em que "a Comunidade for dissolvida", e, então "cada homem tem a liberdade de se proteger pelos caminhos que sua própria discrição lhe sugerir". Em algum ponto do processo de escolha, difícil de definir, mas real, uma e apenas uma autoridade soberana plausível permanece de pé, e o dever moral normal de apoio se impõe mais uma vez.

Nos últimos 180 anos, geração após geração de socialistas seguiram os passos de Marx e Engels, atuando sem cessar para elevar o socialismo de um conceito meramente ideológico à luta de classes, organizações políticas, revoluções sociais, governos e projetos civilizatórios. De certa forma, com mais de um século de desenvolvimento socialista, parece que retornamos à era de Marx e Hobbes, que refletiram sobre a superação do caos social e de maneira abrangente das formas mais avançadas do capitalismo contemporâneo para criar uma sociedade melhor para a humanidade.

3. Do socialismo utópico ao socialismo neoutópico: Réquiem do marxismo ocidental

3.1. Do socialismo utópico ao socialismo científico

O socialismo utópico, no contexto da história do pensamento socialista, refere-se a um conjunto de ideias e práticas que visam a criação de sociedades ideais, muitas vezes imaginárias ou futuristas, considerados utópicos, ou seja, pouco realistas e práticos. Em suma, essa corrente de pensamento é caracterizada pela sua natureza idealista e pela falta de um embasamento científico ou materialista para as mudanças sociais que propõe. Desde o século XIX até nossos dias, o socialismo utópico persiste com diferentes formas, mais ou menos sofisticadas, mas sempre baseado na ideia de que o Estado é um problema. Apesar de, na verdade, agir para sustentar ideologicamente o poder burguês, se vestem com ideias "radicais" e operam uma crítica incisiva aos processos revolucionários reais, especialmente porque o Estado – este ente maléfico – não teria sido extinto.

Em 1877, Friedrich Engels lança "Do socialismo utópico ao socialismo científico". Para ele:

> As concepções dos utopistas dominaram durante muito tempo as idéias socialistas do século XIX, e em parte ainda hoje as dominam [...]. Para todos eles, o socialismo é a expressão da verdade absoluta, da razão e da justiça, e é bastante revelá-lo para, graças à sua virtude, conquistar o mundo. E, como a verdade absoluta não está sujeita a condições de espaço e de tempo nem ao desenvolvimento histórico da humanidade, só o acaso pode decidir quando e onde essa descoberta se revelará. Acrescente-se a isso que a verdade absoluta, a razão e a justiça variam com os fundadores de cada escola; e como o caráter específico da verdade absoluta, da razão e da justiça está condicionado, por sua vez, em cada um deles, pela Inteligência pessoal, condições de vida, estado de cultura e disciplina mental, resulta que nesse conflito de verdades absolutas a única solução é que elas vão acomodando-se umas às outras. E, assim, era inevitável que surgisse uma espécie de socialismo eclético e medíocre, como o que, com efeito, continua imperando ainda nas cabeças da maior parte dos operários socialistas da França e da Inglaterra: uma mistura extraordinariamente variegada e cheia de matizes, compostas de desabafes críticos, princípios econômicos e as imagens sociais do futuro menos discutíveis dos diversos fundadores de seitas, mistura tanto mais fácil de compor quanto mais os ingredientes individuais iam perdendo, na torrente da discussão, os seus contornos sutis e agudos, como as pedras limadas pela corrente de um rio. Para converter o socialismo em ciência era necessário, antes de tudo, situá-lo no terreno da realidade.

Engels aponta que Hegel foi quem libertou da metafísica a concepção da história, tornando-a dialética; mas sua interpretação da história era essencialmente idealista.

> Agora, o idealismo fora despejado do seu último reduto: a concepção da história -, substituída por uma concepção materialista da história, com o que se abria o caminho para explicar a consciência do homem por sua existência, e não esta por sua consciência, que era até então o tradicional. Desse modo o socialismo já não aparecia como a descoberta casual

> de tal ou qual intelecto genial, mas como o produto necessário da luta entre as duas classes formadas historicamente: o proletariado e a burguesia. Sua missão já não era elaborar um sistema o mais perfeito possível da sociedade, mas investigar o processo histórico econômico de que, forçosamente, tinham que brotar essas classes e seu conflito, descobrindo os meios para a solução desse conflito na situação econômica assim criada. Mas o socialismo tradicional era incompatível com essa nova concepção materialista da história, tanto quanto a concepção da natureza do materialismo francês não podia ajustar-se à dialética e às novas ciências naturais. Com efeito, o socialismo anterior criticava o modo de produção capitalista existente e suas conseqüências, mas não conseguia explicá-lo nem podia, portanto, destrui-lo ideologicamente; nada mais lhe restava senão repudiá-lo, pura o simplesmente, como mau. Quanto mais violentamente clamava contra a exploração da classe operária, inseparável desse modo de produção, menos estava em condições de indicar claramente em que consistia e como nascia essa exploração. Mas do que se tratava era, por um lado, de expor esse modo capitalista de produção em suas conexões históricas e como necessário para uma determinada época da história, demonstrando com isso também a necessidade de sua queda e, por outro lado, pôr a nu o seu caráter interno, ainda oculto. Isso se tornou evidente com a descoberta da mais-valia. Descoberta que veio revelar que o regime capitalista de produção e a exploração do operário, que dele se deriva, tinham por forma fundamental a apropriação de trabalho não pago; que o capitalista, mesmo quando compra a força de trabalho de seu operário por todo o seu valor, por todo o valor que representa como mercadoria no mercado, dela retira sempre mais valor do que lhe custa e que essa mais-valia é, em última análise, a soma de valor de onde provém a massa cada vez maior do capital acumulado em mãos das classes possuidoras. O processo da produção capitalista e o da produção de capital estavam assim explicados.

Engels aponta que é a força propulsora da anarquia social da produção que converte a imensa maioria das pessoas, "cada vez mais marcadamente, em proletários, e essas massas proletárias serão, por sua vez, as que, afinal, porão fim à anarquia da produção. É a força propulsora da anarquia social da produção que converte a capacidade infinita de aperfeiçoamento das máquinas num preceito imperativo, que obriga todo capitalista industrial a melhorar continuamente a sua maquinaria, sob pena de perecer". Engels lembra que melhorar a maquinaria equivale a tornar supérflua uma massa de trabalho humano. E assim como a implantação e o aumento quantitativo da maquinaria trouxeram consigo a substituição de milhões de operários manuais por um número reduzido de operários mecânicos, seu aperfeiçoamento determina a eliminação de um número cada vez maior de operários das máquinas e, em última instância, a criação de uma massa de operários disponíveis que ultrapassa a necessidade média de ocupação do capital, de um verdadeiro exército industrial de reserva, "de um exército de trabalhadores disponíveis para as épocas em que a indústria trabalha a pleno vapor e que logo nas crises que sobrevêm necessariamente depois desses períodos, é lançado às ruas, constituindo a todo momento uma grilheta amarrada aos pés da classe trabalhadora em sua luta pela existência contra o capital e um regulador para manter os salários no nível baixo correspondente às necessidades do capitalista. Assim, para dizê-lo com Marx, a maquinaria converteu-se na mais poderosa arma do capital contra a classe operária, um meio de trabalho que arranca constantemente os meios de vida das mãos do operário, acontecendo que o produto do próprio operário passa a ser o instrumento de sua escravização".

Engels frisa que a economia nos meios de trabalho leva consigo, desde o primeiro momento, o mais impiedoso desperdício da força de trabalho e a espoliação das condições normais da função mesma do trabalho. E a maquinaria, o recurso mais poderoso que se pôde criar para reduzir a jornada de trabalho, converte-se no mais infalível recurso para converter a vida inteira do operário e de sua família numa grande jornada disponível para a valorização do capital; ocorre, assim, que o excesso de trabalho de uns é a condição determinante da carência de trabalho de outros, e que a grande indústria, lançando-se pelo mundo inteiro, em desabalada carreira, à conquista de novos consumidores, reduz em sua própria casa o consumo das massas a um mínimo de fome e mina com isso o seu próprio mercado interno. Nas palavras de Engels:

O fato de que a organização social da produção dentro das fábricas se tenha desenvolvido até chegar a um ponto em que passou a ser inconciliável com a anarquia - coexistente com ela e acima dela - da produção na sociedade é um rato que se revela palpavelmente aos próprios capitalistas pela concentração violenta dos capitais, produzida durante as crises à custa da ruína de numerosos grandes e, sobretudo, pequenos capitalistas. Todo o mecanismo do modo de produção falha, esgotado pelas forças produtivas que ele mesmo engendrou. Já não consegue transformar em capital essa massa de meios de produção, que permanecem inativos, e por isso precisamente deve permanecer também inativo o exército industrial de reserva. Meios de produção, meios de vida, operários em disponibilidade: todos os elementos da produção e da riqueza geral existem em excesso. Mas a "superabundância converte-se em fonte de miséria e de penúria" (Fourier), já que é ela, exatamente, que impede a transformação dos meios de produção e de vida em capital, pois na sociedade capitalista os meios de produção não podem pôr-se em movimento senão transformando-se previamente em capital, em meio de exploração da força humana de trabalho. Esse imprescindível caráter de capital dos meios de produção ergue-se como um espectro entre eles e a classe operária. É isso o que impede que se engrenem a alavanca material e a alavanca pessoal da produção; é o que não permite aos meios de produção funcionar nem aos operários trabalhar e viver. De um lado, o modo capitalista de produção revela, pois, sua própria incapacidade para continuar dirigindo suas forças produtivas. De outro lado, essas forças produtivas compelem com uma intensidade cada vez maior no sentido de que resolva a contradição, de que sejam redimidas de sua condição de capital, de que seja efetivamente reconhecido o seu caráter de forças produtivas sociais.

Diante desta situação, Engels aponta o diferencial do "socialismo científico": constatar o papel do Estado na transição socialista.

O modo capitalista de produção, ao converter mais e mais em proletários a imensa maioria dos indivíduos de cada país, cria a força que, se não quiser perecer, está obrigada a fazer essa

> revolução. E, ao forçar cada vez mais a conversão dos grandes meios socializados de produção em propriedade do Estado, já indica por si mesmo o caminho pelo qual deve produzir-se essa revolução. O proletariado toma em suas mãos o Poder do Estado e principia por converter os meios de produção em propriedade do Estado. Mas, nesse mesmo ato, destrói-se a si próprio como proletariado, destruindo toda diferença e todo antagonismo de classes, e com isso o Estado como tal. A sociedade, que se movera até então entre antagonismos de classe, precisou do Estado, ou seja, de uma organização da classe exploradora correspondente para manter as condições externas de produção e, portanto, particularmente, para manter pela força a classe explorada nas condições de opressão (a escravidão, a servidão ou a vassalagem e o trabalho assalariado), determinadas pelo modo de produção existente. O Estado era o representante oficial de toda a sociedade, sua síntese num corpo social visível; mas o era só como Estado que, em sua época, representava toda a sociedade: na antiguidade era o Estado dos cidadãos escravistas, na Idade Média o da nobreza feudal; em nossos tempos, da burguesia. Quando o Estado se converter, finalmente, em representante efetivo de toda a sociedade, tornar-se-á por si mesmo supérfluo. Quando já não existir nenhuma classe social que precise ser submetida; quando desaparecerem, juntamente com a dominação de classe, juntamente com a luta pela existência individual, engendrada pela atual anarquia da produção, os choques e os excessos resultantes dessa luta, nada mais haverá para reprimir, nem haverá necessidade, portanto, dessa força especial de repressão que é o Estado.

Em outro momento, Engels assevera que:

> O primeiro ato em que o Estado se manifesta efetivamente como representante de toda a sociedade - a posse dos meios de produção em nome da sociedade - é ao mesmo tempo o seu último ato independente como Estado. A intervenção da autoridade do Estado nas relações sociais tornar-se-á supérflua num campo após outro da vida social e cessará por si mesma. O governo sobre as pessoas é substituído pela administração das coisas e pela direção dos processos de produção. O Estado não será "abolido", extingue-se. É partindo daí que se pode julgar o valor do falado "Estado popular livre" no que

> diz respeito à sua justificação provisória como palavra de ordem de agitação e no que se refere à sua falta de fundamento científico. É também partindo daí que deve ser considerada a exigência dos chamados anarquistas de que o Estado seja abolido da noite para o dia.

Por fim, Engels conclui que:

> Revolução proletária, solução das contradições: o proletariado toma o poder político e, por meio dele, converte em propriedade pública os meios sociais de produção, que escapam das mãos da burguesia. Com esse ato redime os meios de produção da condição de capital, que tinham até então, e dá a seu caráter social plena liberdade para impor-se. A partir de agora já é possível uma produção social segundo um plano previamente elaborado. O desenvolvimento da produção transforma num anacronismo a sobrevivência de classes sociais diversas. À medida que desaparece a anarquia da produção social, vai diluindo-se também a autoridade política do Estado. Os homens, donos por fim de sua própria existência social, tornam-se senhores da natureza, senhores de si mesmos, homens livres. A realização desse ato, que redimirá o mundo, é a missão histórica do proletariado moderno. E o socialismo científico, expressão teórica do movimento proletário, destina-se a pesquisar as condições históricas e, com isso, a natureza mesma desse ato, infundindo assim à classe chamada a fazer essa revolução, à classe hoje oprimida, a consciência das condições e da natureza de sua própria ação.

3.2. Do socialismo científico ao socialismo utópico

3.2.1. Socialismo Evolucionário

A obra teórica e a atividade política de Marx e de Engels e dos primeiros marxistas, inspiraram a formação e o desenvolvimento dos partidos políticos da classe trabalhadora durante a segunda metade do século XIX, os quais concentraram a sua atenção no desenvolvimento econômico do capitalismo e na organização da classe operária como uma força política própria.

Os marxistas em geral aceitavam, por exemplo, participar eleitoralmente para ganhar posições parlamentares, mas não confundiam estes propósitos com a tomada do poder e a destruição do Estado capitalista para construir, transitoriamente, um Estado dos trabalhadores e dos seus aliados. Por outras palavras, combinavam — distinguindo-as — as exigências imediatas (como a jornada de oito horas, as liberdades de associação e de expressão, ou a legislação operária), com as exigências mediatas para a construção do socialismo. Nunca antes, como nesses anos, as estratégias foram tão discutidas nos seus matizes. As diferenças grossas, tais como participar ou não na política, cederam diante de outras mais finas, referindo-se por exemplo o como e onde vai a participação política. Outra diferença relativamente à Primeira Internacional foi o desenvolvimento das organizações sindicais e partidárias. Nas últimas duas décadas do século XIX, os grandes sindicatos começaram a ser uma realidade em vários países e não apenas na Grã-Bretanha e os partidos políticos de massas também, e não só na Alemanha. Mas enquanto na Alemanha a força do Partido Social Democrata e a sua influência sobre os sindicatos era entendida como algo natural, na Grã-Bretanha e na França os sindicatos eram mais influentes que os partidos e em certas ocasiões estes e qualquer tipo de direção política eram vistos com desconfiança: no caso da França, pela longa tradição ainda presente do anarquismo tanto proudhoniano como bakuninista; e no caso da Grã-Bretanha pelo peso e pela tradição do *tradeunionismo.* De maneira semelhante havia diferenças em relação ao Estado.

Foi na Alemanha que a luta ideológica teve maior importância. Dois anos após a fundação da Segunda Internacional, o Partido Social-democrata alemão (SPD) efetuou o seu primeiro congresso de definição marxista, pois antes de 1890 a teoria marxista não podia ter penetrado, evidentemente, com profundidade excepcional. O Congresso de Erfurt adotou um novo programa, redigido na sua parte teórica por Karl Kautsky e na sua parte prática por Edouard Bernstein. Ambas as intervenções na redação do Programa tornavam-no contraditório.

Entre a social-democracia da II Internacional, a obra de Eduard Bernstein *As premissas do socialismo e as tarefas da social-democracia* (1899) é a primeira revisão profunda do marxismo. Sua tese fundamental é que a democracia burguesa é a grande lei do processo histórico geral. Definia que a democracia é, ao mesmo tempo, meio e fim. É o meio da luta pelo socialismo e é a forma da realização do socialismo. Por isso, defendia uma política de reformas no interior do capitalismo e a estratégia da maioria parlamentar da social-democracia como meio para alcançar o controle do Estado, ou mesmo compartilhá-lo com os setores burgueses. Bernstein contrapunha o conceito de "democracia social" ao de "democracia" (sem adjetivos). A democracia social era algo mais amplo do que o exercício do sufrágio universal. O sufrágio universal era, "por um lado e pelo outro, a alternativa a uma revolução violenta". Com base na sua "democracia social". Bernstein opunha-se à "ditadura do proletariado" como fórmula de transição entre o capitalismo e o socialismo. Para Bernstein, a democracia significa a supressão de um governo de classe, não a substituição de uma forma deste por outra. Ou seja, democracia igual a *quase* socialismo. A importância que atribuía Bernstein à democracia e, nesta, à possibilidade das mudanças sociais no gradualismo, na evolução da sociedade: "a democracia social não pode prosseguir melhor o seu trabalho senão ocupando seu posto sem reservas na teoria da democracia, no terreno do sufrágio universal, com todas as consequências resultantes da sua táctica". Para Bernstein uma verdadeira democracia era o mais urgente e o mais importante pelo que lutar. A democracia plena seria a condição prévia para que fosse possível o socialismo: "a democracia é uma condição do socialismo".

Bernstein negava a validade da concepção de ditadura do proletariado. Haveria um desenvolvimento evolutivo e gradual que transformaria capitalismo em socialismo, sem solavancos, por meio de vitórias eleitorais e na plena realização da democracia burguesa. A própria democracia bem exercida levaria a eliminação da dominação de classe. A ascensão do nazismo deve ter colocado em dúvida as ideias do socialismo evolucionário, mas sua influência continuou no século XX até os dias atuais.

3.2.2. Escola de Frankfurt

Em 1976, o filósofo trotskista Perry Anderson conclamava o "marxismo ocidental" para se afastar dos países oficialmente socialistas e marxistas do oriente. O alvo era a URSS, a China e os partidos comunistas do Ocidente. Anderson lembra que, em 1942, Max Horkheimer e a Escola de Frankfurt já criticavam a URSS por ter abandonado a perspectiva da "supressão do Estado". Como os soviéticos não se preocupavam em realizar o ideal da extinção do Estado, era preciso romper com o marxismo oriental. Chega a ser ridículo, considerando que foi o fortalecimento do Estado e da indústria soviética que possibilitou a vitória sobre o nazifascismo, além da melhora substancial na qualidade de vida de milhões. Mas isso não importa para Horkheimer. Se difundiu no Ocidente que "leninismo" seria sinônimo de marxismo oriental (grosseiro e bárbaro) enquanto o "marxismo" seria sinônimo de algo civilizado, fino, democrático e autêntico. Na URSS, Stálin seria apenas um novo Gengis Khan, avesso aos avanços civilizatórios do Ocidente liberal. Em 1968, Horkheimer falava no "aparato totalitário" da URSS. Marcuse falava em "totalitarismo oriental".

Para Anderson, a primeira e mais fundamental das características distintas do "marxismo ocidental" tem sido o divórcio estrutural desse marxismo da prática política. A unidade entre teoria e prática teria sido progressivamente desfeita entre 1918 e 1968, na Europa ocidental. Nesse período se vê o afastamento do marxismo ocidental das massas e das lutas de classes. Assim, "passaria a falar sua própria linguagem cifrada, cada vez mais distante da classe que formalmente procurou servir ou articular" (p. 52). Para ele, "a característica oculta do marxismo ocidental como um todo é ser produto da derrota. O fracasso da revolução socialista em propagar-se para fora da Rússia é a base comum de toda a tradição teórica desse período" (p. 62).

E quem é o culpado? Stálin, é claro. Ele teria impedido que o marxismo ocidental tivesse influência com as massas. Como resultado, "por mais de vinte anos depois da Segunda Guerra Mundial, a produção intelectual do marxismo ocidental em termos de trabalhos originais importantes nas áreas da teoria econômica ou política foi praticamente nula" (p. 66). Para o marxismo ocidental, representada por essa longa tradição, a sociedade pós-capitalista é a negação total e imediata da ordem precedente. Porém, com as primeiras experiências de gestão do poder do marxismo oriental, fica evidente que a transformação revolucionária não é uma criação instantânea e indolor vinda do nada, mas uma complexa e penosa superação que herda os pontos mais altos da ordem político-social negada e derrubada. Para Anderson, o termo "ocidental" implica uma limitação, pois lhe falta universalidade e concretude – "o marxismo ocidental foi necessariamente menor que o marxismo na medida em que foi ocidental" (p. 114)

Para o marxismo ocidental, Hannah Arendt é a nova Rosa Luxemburgo. Ela teoriza como a URSS e a Alemanha nazista são equivalentes. Essa leitura do século XX, que coloca no mesmo plano a expressão mais feroz do sistema colonialista-escravista mundial e seu inimigo mais consequente, foi feita de forma mais ou menos ampla pelo marxismo ocidental.

3.3.3. Grande Hotel Abismo

Lukács, num texto de 1933 chamado "Grande Hotel Abismo", advertia contra aqueles que não queria sujar as suas mãos com a defesa do socialismo real. Ele escreveu:

> É claro que a parte mais importante da autodefesa ideológica da burguesia é produzida por ela de modo consciente: a difamação do proletariado revolucionário e de sua teoria, o materialismo dialético; as formas mais diversas de apologia da economia e ideologia capitalistas; o falseamento das conclusões ideológicas das ciências naturais, convertendo-as em elementos religiosos; e a falsificação de toda a história, fazendo a partir destas lendas históricas reacionárias: tudo isso é

> produzido por proxenetas ideológicos da burguesia bem ou mal pagos. Mas é claro que estes dispositivos de proteção, em especial nos momentos de crises, não são suficientes para evitar que a pequeno-burguesia e sua intelectualidade rompam com o capitalismo. Para isso se necessita de meios mais sofisticados, mais complicados e menos imediatos; métodos que a sociedade capitalista produz de modo espontâneo graças à divisão social do trabalho e que a burguesia aproveita para seus fins com maior ou menor destreza. Para este aproveitamento não se necessita, em absoluto, um apoio imediato e visível por parte da burguesia, e em certas ocasiões, este apoio pode resultar em prejuízos. Pois aqui não se trata, à primeira vista, de transformar intelectuais em partidários entusiastas da ordem social burguesa, em adoradores fanáticos da cultura existente. Ao contrário. Esta literatura leva a cabo perfeitamente o objetivo da burguesia de se deter a um setor da intelectualidade, que, como consequência dos efeitos da crise econômica e cultural tem se tornado inimigo da classe atual, a que se despreza, antes de extrair consequências práticas reais desta hostilidade e desprezo. Este setor da intelectualidade bem pode ocupar um lugar de oposição radical frente a sociedade e a cultura. Se esta oposição não se dirige à superação da exploração, se toda a sua ação ideológica se orienta a "aprofundar" a crítica e as análises da crise cultural, de tal modo que esta "profundidade" desaparece por completo um fenômeno tão "superficial" como a exploração econômica, então este tipo de oposição pode ser muito bem recebida pela burguesia. E, sob determinadas circunstâncias, tanto menor recebida – por ser mais efetiva – quanto maior seja seu radicalismo, ao levar até o final sua linha crítica.

Para ele, o surgimento de um amplo setor de intelectualidade parasitária, a penetração do capitalismo em todas as áreas da indústria de consumo e paralelamente em todas as áreas da produção material da cultura tem trocado de modo radical a situação dos movimentos de oposição burgueses. Enquanto que em épocas anteriores os ideólogos opositores deviam suportar um prolongado período de fome antes de triunfar ou capitular diante das tendências predominantes, ou de fechar compromissos com elas, no período imperialista são financiadas de antemão por meios capitalistas muitas correntes opositoras na literatura e na arte também nos casos em que tudo parecia indicar que sua repercussão não superará jamais um estreito círculo de intelectualidade.

> A transformação das oposições ideológicas em parte integrante de todo o sistema parasitário surge, precisamente, graças a esta ilusão de um espaço amplo de livre atividade, por meio da ilusão de que é possível exercer uma crítica apaixonada e radical do todo existente sem correr perigos materiais ou morais. A corrupção refinada e sem intenção se baseia precisamente na tendência natural da intelectualidade, dos produtores de ideologia, a manter sua crítica do presente em forma "distinguida" dentro do âmbito da pura ideologia, com o qual brindam um apoio invisível, porém muito brutal e significativo, para os momentos de crises. Aquele limite invisível neste âmbito que separa o permitido do proibido, o tolerável do intolerável para a burguesia, o oposto – de uma perspectiva objetiva – só em aparência ao autenticamente revolucionário, se converte em limite da tolerância material por parte da burguesia, em questão de existência material para este setor intelectual. E a experiência nas medidas ideológicas de repressão por parte do movimento de oposição mostra que tais dispositivos, baseados materialmente na autocensura, em ocasiões funcionam com maior sutileza e confiabilidade que uma repressão brutal e direta das liberdades de expressão. Em especial quando se permite, dentro desses limites invisíveis, o radicalismo mais extremo, a crítica mais implacável do todo existente, a convicção revolucionária mais apaixonada, sem tomar nenhuma represália. Este limite invisível se amplia ou se reduz segundo o estado da luta de classes do momento.

Lukács fazia uma crítica velada à Escola de Frankfurt. Ele aponta que era evidente que os problemas do capitalismo decadente se tornam insolúveis. Permanentemente se ampliam os setores da melhor parte da intelectualidade que já não podem se fechar os olhos diante deste pesadelo, diante da impossibilidade de resolver aqueles problemas cuja solução é a base vital específica destes setores, e cuja resposta conforma a base material e espiritual de sua existência. Porém, diante deste abismo, abrem-se duas perspectivas:

> [...] por um lado, um beco sem saída intelectual, a anulação da própria existência intelectual, a queda no abismo do desespero; por outro, o salto vital ao campo do proletariado revolucionário, o salto vital ao futuro luminoso. Esta escolha é de uma extraordinária complexidade para um produtor literário, precisamente, em qualquer circunstância. Porque para lograr dar este salto, tais produtores devem se transformar espiritualmente em um grau muito maior que qualquer outro setor da sociedade. Devem apartar de si aquela ilusão que tem sido o produto necessário de sua situação de classe e a base de sua completa visão de mundo e de sua existência espiritual: a ilusão da prioridade da ideologia frente ao material, ao econômico; devem abandonar a "digna" altura desde as que formularam seus problemas e soluções até então, e aprender a entender que as formulações de questões econômicas cotidianas – "brutais", "ordinárias", "sólidas" – conformam o único ponto fixo a partir de qual podem encontrar uma solução os problemas até então insolúveis para eles.

Para Lukács, o Grande Hotel "Abismo" tem sido disposto – sem intenção – para dificultar mais este salto. Com ele se realiza o conforto material que a burguesia parasitária do período imperialista pode oferecer aos seus opositores ideológicos. A relatividade deste conforto material, sua austeridade e insegurança em comparação com aquele que a burguesia oferece aos seus proxenetas ideológicos diretos, contam também entre os elementos de conforto espiritual. Reforça a ilusão da independência da burguesia, de "estar sobre as classes", a ilusão do próprio heroísmo, da própria disposição para o sacrifício, a ilusão de haver rompido já com a burguesia, com a cultura burguesa, e tudo isto quando todavia se está com ambos os pés sob terreno burguês.

> O conforto espiritual do Hotel se concentra na estabilização destas ilusões. Se vive aqui na mais exuberante liberdade espiritual: tudo está permitido; nada escapa à crítica. Para cada tipo de crítica radical – dentro dos limites invisíveis – existem habitações especialmente desenhadas. Se alguém quiser fundar uma seita em busca de uma mágica solução ideológica para todos os problemas da cultura, ali encontrará à sua

> disposição salas de reunião destinadas a este propósito. Se um "solitário" que sozinho e incompreendido por todos, busca seu próprio caminho, ali receberá uma habitação extra especialmente desenhada na qual, rodeado por toda a cultura do presente, possa viver "no deserto" ou na "célula monástica".
> O Grande Hotel "Abismo" se presta para todos os gostos e está locado provisoriamente para todas as orientações. Toda forma de embriaguez intelectual, porém também toda forma de asceticismo, de autoflagelação, está igualmente permitida; e não só permitida, senão ali há também bares equipados com grande esplendor, que contam com instrumentos e aparatos de tortura fabricados com excelência para esta necessidade. E não só para a sociedade; também está equipado para a sociabilidade de todo tipo. Cada um, sem ser visto, pode ser testemunha da atividade de qualquer outro.
> Deveríamos nos assombrar que muitos intelectuais, ao final de um caminho desgastante e desesperador, se contentem em dar conta dos problemas insolúveis da sociedade burguesa de um ponto de vista burguês; de que, ao chegar na borda deste abismo, preferiram se instalar com comodidade neste hotel antes de quitar seus resplandecentes vestidos e se atrever a dar o salto vital por cima do abismo? Deveríamos nos assombrar que este hotel, luxuosamente equipado para as cúpulas mais elevadas da intelectualidade, tenha por todas as partes suas cópias mais provincianas e menos luxuosas no interior da intelectualidade e da pequena burguesia?

Lukács aponta que o Grande Hotel "Abismo" não exige de seus clientes nenhuma legitimação, só a de nível espiritual. No entanto, nesta completa liberdade, os efeitos do limite invisível se fazem sentir com maior intensidade. Pois o nível espiritual para a intelectualidade burguesa consiste precisamente em tratar os problemas ideológicos de um modo puramente ideológico, isolados no círculo mágico da ideologia. Isso é, não se torna necessária meditação realista sobre a questão do poder real. E aí, vem o utopismo, chamado também de neo-hegelianismo radical.

> No neo-hegelianismo radical, em Bruno Bauer e Stirner, este reconhecimento peculiar do existente por meio de uma crítica da consciência, por meio de um intento radical de transformação da consciência, já havia tomado a forma de pretender

> superar a teoria do proletariado revolucionário pensando radicalmente todos os problemas até as últimas consequências. Com a agudização da luta de classes, esta tendência aparece de um modo cada vez mais intenso, sob formas sempre distintas. A ambígua situação social da pequeno-burguesia leva a que as ideologias despojadas do proletariado revolucionário se veem obrigados a se mover em extremos opostos. Enquanto o pequeno indivíduo, que gira sobre si mesmo como um catavento, treme diante da possibilidade de perder suas terras e teme que, com o socialismo, sejam socializadas também suas mulheres, o pequeno-burguês à beira da loucura deve ser conduzido intelectualmente "mais adiante do socialismo". É necessário ver o quão inconsequente, o quão dogmático, o quão filisteu é o socialismo do movimento operário, e o quão necessário é para os "espíritos livres" buscar e encontrar algo muito mais radical; se se queira que os problemas sejam resolvidos "realmente" e não como soluções de compromisso como no socialismo. Precisamente para isto, é extraordinariamente apto o radicalismo na crítica ideológica. Já que, por um lado, aqui não há nenhum limite de controle para realizações utópicas de projetos; por outro, a revolução projetada deste modo é incomparavelmente "mais profunda" que a revolução proletária, já que por meio daquela não são (ou não serão) revolucionados os fenômenos econômicos "superficiais" da vida, sem também o homem mesmo, a alma, o espírito, a cosmovisão. E como a revolução econômica "superficial" é tratada com indiferença, qualquer parasita rentista pode participar desta "revolução radical", sem ter que temer que a revolução, a "autêntica revolução", ponha em perigo o desfrute de sua renda. No entanto, muito rapidamente se pode observar que, de ambas as hipóteses, a mosaica tem uma proeminência em relação aos valores humanos, morais, metafísicos.

Lukács conclui dizendo que a pequeno-burguesia ameaçada e sacudida em seus fundamentos materiais pela crise generalizada, desenvolve-se com precipitação a um capitalismo espontâneo confuso. De modo também espontâneo surge, sobre esta base, uma ideologia reacionária em suas formas e conteúdos, mas que tem a peculiaridade de que pode descartar a cada momento seus conteúdos reacionários, deixar cair suas roupagens reacionárias para vestir uma revolucionária. Esta tendência de troca se acelera, objetivamente, pelo aprofundamento da crise geral do sistema capitalista; subjetivamente, por meio da influência crescente do Partido Comunista.

> A burguesia deve empregar todos os meios para manter este movimento em águas navegáveis reacionárias, a fim de impedir o esclarecimento da confusão espontânea. Aqui não podemos sequer tracejar uma análise de todo este sistema de desvios e rodeios do socialfascismo ao fascismo aberto. Mas é claro que nesta situação deve aumentar constantemente o entrecruzamento de relativismo e misticismo no interior do Hotel "Abismo"; é claro que o ceticismo relativista da elite intelectual há de se transformar cada vez mais rapidamente em uma mitologia religiosa, disfarçada de revolucionária e radical. E precisamente numa crise deste tipo – que firmava cada vez mais o cimento das antigas autoridades, enquanto as massas (também pequeno-burguesas) anseiam uma nova orientação e condução, a fim de encontrar uma saída de uma situação que se põe insuportável –, devem aumentar para a burguesia, o valor e a importância do Hotel "Abismo".

Estes apontamentos de Lukács, centrados na ação da Escola de Frankfurt e outros intelectuais marxistas utópicos, permanece válida até nossos dias.

3.2.4. Gramsci e o Moderno Príncipe

O pensamento de Gramsci não correspondia ao pensamento predominante na Segunda Internacional. No começo do século XX, predominava a ideia de que o socialismo chegaria pelas contradições do capitalismo, inevitavelmente. O socialismo chegaria pelo progresso das forças produtivas, que acabariam implodindo o sistema econômico, e os operários deveriam estar organizados para ascender ao poder. Ao contrário dos utópicos de então, o realismo político marxista aparece na abordagem de Gramsci sobre a obra de Maquiavel. Em suas notas sobre a política de Maquiavel, Gramsci exorta que o Príncipe é um livro "vivo". Sua conclusão é que o moderno príncipe, o mito-príncipe, só pode ser um organismo; um elemento complexo de sociedade no qual já tenha se iniciado a concretização de uma vontade coletiva reconhecida e fundamentada parcialmente na ação. Este organismo já é determinado pelo desenvolvimento histórico, é o partido político: a primeira célula na qual se aglomeram germes de vontade coletiva que tendem a se tornar universais e totais. O desenvolvimento histórico teria então levado o príncipe a personificar-se em um organismo. Personificação que estaria garantida por uma vontade coletiva. Gramsci nos fala exatamente sobre essa coletividade que operaria no pensamento de Maquiavel, segundo ele: "O Príncipe de Maquiavel poderia ser estudado como uma exemplificação histórica do 'mito' soreliano, isto é, de uma ideologia política que se apresenta não como fria utopia, nem como raciocínio doutrinário, mas como uma criação da fantasia concreta que atua sobre um povo disperso e pulverizado para despertar e organizar a sua vontade coletiva" (Gramsci, 1984, p. 4).

Gramsci aponta que o protagonista do novo Príncipe não poderia ser na época moderna, um herói pessoal, mas o partido político. Isto é: sempre nas diferentes relações internas das diversas nações, aquele determinado partido pretende (e está racional e historicamente destinado a esse fim) fundar um novo tipo de Estado. Ainda sobre a questão do partido-príncipe ele alerta que:

> Para se traduzir em linguagem política moderna a noção de príncipe, da forma como ela se apresenta no livro de Maquiavel, seria necessário fazer uma série de distinções: "Príncipe" poderia ser um chefe de Estado, um chefe de governo, mas também um líder político que pretende conquistar um Estado ou fundar um novo tipo de Estado; nesse sentido, em linguagem moderna, a tradução de "Príncipe" poderia ser "partido político" (Gramsci, 1984, p. 102).

Nesta arena, apesar da vitória da Revolução de Outubro e da ebulição dos partidos comunistas em todo o continente europeu, o movimento operário não foi vitorioso em nenhum país da Europa. O que ocorreu foi uma recomposição do poder burguês, demonstrada em todo vigor via fascismo e nazismo. Para responder tal indagação, Gramsci deu-se conta de que não bastava a crise econômica e a organização operária para que o capitalismo fosse suplantado: o poder parecia não se circunscrever apenas ao campo econômico ou à "tomada do Estado". Gramsci mergulhou em profundas reflexões, traçando, de forma pioneira, um sistema conceitual completo para apreender de forma unitária a complexa fenomenologia do poder nas sociedades capitalistas. Ele se voltou para um ângulo pouco explorado pelo marxismo de sua época: o Estado e a política.

Para Gramsci, a conquista do poder não é simplesmente um momento negativo, de destruição, mas sim um processo de crescimento de um novo tipo de Estado. Gramsci usa o termo "hegemonia" no sentido de ditadura do proletariado. Ela chama de hegemonia porque queria salientar a função dirigente, a conquista do consenso, a ação de tipo cultural que a hegemonia deve desempenhar. Gramsci concebe a revolução como uma crise de hegemonia, isto é, uma crise da capacidade dirigente dos que tem poder, poque não conseguem mais solucionar os problemas do país. A hegemonia de uma classe se expressa em sua capacidade de estruturar o sistema objetivo de relações sociais de maneiras que estejam em consonância com seu poder, seus interesses e sua reprodução como classe. Dessa forma, a hegemonia não é simplesmente uma "ideologia" efetiva, algo que se localiza meramente no campo da superestrutura, mas envolve aspectos ideológicos, culturais, políticos e econômicos.

> As leis da história foram ditadas pela classe proprietária organizada no Estado. O Estado sempre foi o protagonista da história, pois em seus órgãos reúne o poder da classe proprietária. É no Estado que a classe proprietária se disciplina e se forma em sua união, uma unidade acima das lutas internas e golpes de competição, para manter intacta a condição de privilégio na fase suprema da própria competição: a luta de classes pelo poder, pela preeminência na dircção e no disciplinamento da sociedade.

Para Gramsci, já em 1919, a criação do Estado proletário não é o ato de um milagreiro: também é um fazer, é um processo de desenvolvimento, e pressupõe trabalho preparatório de organização e propaganda. Para ele, "depois das experiências revolucionárias da Rússia, Hungria e Alemanha, que o Estado Socialista não pode se formar nas instituições do Estado capitalista, mas é uma criação fundamentalmente nova em relação a elas, senão em relação à história do proletariado". Gramsci aponta que as instituições do Estado Capitalista são organizadas para fins de livre competição, por isso não basta mudar o pessoal para mandá-los em outra direção.

> O Estado Socialista ainda não é o comunismo, que é a instigação da prática econômica e do costume da solidariedade, mas é o estado de transição que tem a tarefa de suprimir a competição com a supressão da propriedade privada, das classes, das economias nacionais: esta tarefa não pode ser iniciada pela democracia parlamentar. A fórmula da *Conquista do Estado* deve ser entendida neste sentido: é a criação de um novo tipo de Estado, gerado pela experiência de associação da classe proletária, e em substituição ao Estado democrático parlamentar.

Gramsci aponta que o capitalismo deve continuar a sobreviver

> [...] até a supressão de todos os resíduos de competição, até a completa expressão de classes e partidos, até a fusão das ditaduras proletárias nacionais na Internacional Comunista. Entretanto, ao lado delas devem surgir e desenvolver-se instituições de um novo tipo, de tipo estatal, que substituirá precisamente as instituições públicas e privadas do Estado parlamentar democrático. Devem ser instituições que substituam a pessoa do capitalista nas funções administrativas e no poder industrial, e realizem a autonomia do produtor na fábrica; instituições capazes de assumir o poder da direção em todas as funções inerentes ao complexo sistema de relações de produção e troca que ligam as divisões de uma fábrica entre si, constituindo a unidade econômica elementar. Ainda, devem ser instituições que liguem as várias atividades da agricultura

industrial, que através do planejamento horizontal e vertical, deve formar o edifício harmonioso da economia nacional e internacional, livre da tirania pesada e parasitária dos proprietários privados.

A conquista do aparelho estatal em uma sociedade ocidental dificilmente será condição suficiente para a conquista da hegemonia e para a construção do socialismo. Gramsci afirma que o socialismo não pode ser construído da mesma forma nos países com uma sociedade civil forte e nos países com uma sociedade civil frágil. Nos primeiros, só a hegemonia é capaz de viabilizar o socialismo, porque a sociedade política tem poder político e social insignificante em relação ao da sociedade civil, o que faz com que só haja transformação verdadeira se o verdadeiro lócus do poder, a sociedade civil, for alcançado. Já nos países onde a sociedade civil é mais frágil, o aparelho estatal é mais importante estrategicamente.

Este Estado, socialista, exige a participação ativa e permanente dos operários na vida de suas instituições, sendo instrumento de mudanças radicais; mas, adverte: "não se muda de Estado com a simplicidade com que se muda de governo" (Gramsci, 2004, p. 256). Para esse fim, é preciso que se eduque a classe proletária, que se dê-lhe experiência no sentido de construir sua consciência de classe, consciência dos deveres daqueles que chegam ao Estado, o que significa "educar o proletariado para o exercício da ditadura, do autogoverno" (p. 254), logo, para a construção de sua hegemonia. Somente um proletariado educado politicamente, que não se entregue ao desespero e ao desalento diante dos reveses possíveis e inevitáveis, que permaneça fiel e leal ao seu Estado apesar dos erros que indivíduos possam cometer e dos retrocessos que as condições reais da produção possam impor, somente um proletariado assim poderá exercer a ditatura, liquidar a herança maléfica do capitalismo e da guerra e realizar a Internacional comunista. (Gramsci, 2004, p. 255).

O Estado ético, conforme o exposto, seria a realidade de "Estado sem Estado", de modo que a sociedade política seria reabsorvida pela sociedade civil, ou seja, quando o consenso suplantasse a coerção no sentido de que permitiria a formação/ expressão da consciência dos grupos subalternos. Assim, "só o grupo social que propõe o fim do Estado e de si mesmo como objetivo a ser alcançado pode criar um Estado ético, tendente a eliminar as divisões internas de dominados, etc., e a criar um organismo social unitário técnico-moral" (Gramsci, 2007, p. 285).

Apesar de sua visão realista, Gramsci passou ser reivindicado pelo eurocomunismo nos anos 1970 para legitimar a adoção de uma estratégia liberal-socialista. Para eles, Gramsci era um crítico do Estado. Pegaram a citação de Gramsci sobre o "Estado sem Estado" para dizer que este seria o socialismo alvejável, onde existe "a vontade de construir, no invólucro da sociedade política, uma complexa e bem articulada sociedade civil, na qual o indivíduo singular se autogoverne". Para Carlos Nelson Coutinho, "a proposta gramsciana é concebida como a construção progressiva – Gramsci fala em "elementos cada vez mais numerosos" – de uma ordem social global fundada no consenso, no autogoverno, na qual a esfera pública intersubjetiva (a "sociedade civil") subordina e absorve em si o "poder" e o "dinheiro", isto é, o "Estado-coerção e o mercado". Depois de dizer que o stalinismo foi um fenômeno especificamente oriental e bárbaro, enfatiza que Gramsci via nos países ocidentais a possibilidade de criar uma democracia socialista sem coação, apenas baseada em consensos. De realista, Gramsci passou a se tornar um utópico. O próprio Coutinho reconhece que "a reavaliação gramsciana da democracia não se liga assim nem ao pensamento liberal nem ao 'comunismo histórico', mas remete diretamente aos clássicos da filosofia política, em particular a Rousseau e Hegel. Penso não estar enganado quando afirmo que Gramsci reintroduziu no seio do pensamento marxista a problemática do contratualismo, não tanto em sua versão liberal (ou lockeana), mas precisamente na versão democrático-radical proposta por Rousseau". Provavelmente Gramsci não acharia na prisão que os princípios morais de Rousseau deveriam regular a ação política revolucionária. Mesmo assim, Coutinho busca introjetar a qualquer custo de que o Estado socialista é um Estado bonzinho, como no paraíso de Rousseau. Ele reconhece que "ainda que Rousseau não seja citado muitas vezes na obra de Gramsci, pode-se registrar a presença nessa obra de muitos temas semelhantes aos abordados pelo autor do Contrato social; penso, sobretudo, no fato de que há em Gramsci um conceito análogo ao de "vontade geral", central na obra do genebrino, ou seja, o conceito de "vontade coletiva", repetidamente invocado pelo pensador italiano". Após elogiar esta "referência civilizatória" do marxismo de Gramsci, o próprio Coutinho percebe as limitações de Rousseau: "ora, se o grande mérito de Rousseau reside na afirmação da prioridade da vontade geral enquanto fundamento de toda ordem social legítima (republicana ou democrática), o ponto débil de sua reflexão consiste na pressuposição de que essa vontade geral é algo que se contrapõe drasticamente às vontades particulares e, em última instância, as reprime (os homens devem "ser obrigados a ser livres" a fim de que ajam segundo a vontade geral). Em Rousseau, a vontade geral não é um potenciamento ou um aprofundamento das vontades particulares, mas o seu contrário". Apesar desta contradição, Coutinho reafirma que Gramsci tinha uma "aspiração democrática" e que "se sem democracia certamente não há socialismo, tampouco existe plena democracia sem socialismo". E, assim, Coutinho enterrou Gramsci junto dos marxistas utópicos que, longe do poder, iriam conquistar uma hegemonia consensuada, governada pela sociedade civil e por aparelhos ideológicos "na luta pela radicalização da democracia liberal até se tornar socialismo".

3.2.5. Eurocomunismo

Na década de 1970, os principais partidos comunistas ocidentais, tais como o francês, o espanhol e o italiano, retiraram de seus programas a bandeira de ditadura do proletariado, generalizou-se uma discussão sobre o fenômeno conhecido como "eurocomunismo", que implica o abandono da concepção marxista-leninista do Estado. Muitos dizem que o termo é inadequado. Que a participação em parlamentos era dificultada por esta defesa. Que o termo ditadura lembrava as ditaduras militares fascistas. Que se tratava de uma palavra fetiche que a história converteu numa fonte de confusão.

O abandono pela maioria dos partidos eurocomunistas da noção de ditadura do proletariado não fortaleceu estes partidos. Além disso, negaram esse conceito construído por Marx para exprimir o conteúdo de classe de todo o Estado e de toda a democracia, essa rede de segurança teórica essencial, sem a qual todo o partido acaba a prazo por ser dissolvido na democracia burguesa.

Como observa Bob Jessop, há duas tendências no eurocomunismo, uma de direita e outra de esquerda. A tendência mais à direita tende a ver a transição democrática ao socialismo como gradual a progressiva, baseada numa aliança de classes antimonopolista sob a liderança do Partido Comunista, sem transformação dos aparatos de Estado, haja vista que os concebem enquanto instituições neutras, no fortalecimento do parlamento no controle sobre o Estado e a economia, e na incorporação dos sindicatos na formulação do planejamento econômico. Em suma, vê o socialismo democrático como uma longa e vagarosa marcha por meio das instituições da sociedade política e civil. Já a posição de esquerda do eurocomunismo tende a ver a transição como uma longa série de rupturas, com base nacional-popular, numa ampla aliança que envolva tanto os novos movimentos sociais como uma união de classes organizada de modo plural. Além disso, compromete-se profundamente com as transformações dos aparatos estatais como parte do processo democrático e a reestruturação do Estado e da economia a partir de uma democracia de base, da autogestão e da unificação de um fórum parlamentar (Jessop, 1985, p. 297-298).

Com a adesão do Partido Comunista Francês (PCF) à estratégia eurocomunista, Louis Althusser juntamente com Étienne Balibar se insurgiram contra a posição adotada a partir de seu XXII Congresso, de cujo programa foi excluído o conceito de ditadura do proletariado, e no qual a democracia como um valor universal tornou-se a palavra de ordem central. Althusser, ao criticar essa posição reformista do PCF, defendeu, de um lado, o valor científico no marxismo do conceito de ditadura do proletariado, e, do outro, a experiência chinesa da Revolução Cultural como modelo de transição socialista ao comunismo devido à intensa crítica à burocratização do partido revolucionário.

A posição do PCF em relação ao abandono do conceito de ditadura do proletariado deve-se, para Althusser, por um lado, à renúncia da análise concreta das relações de classe, e, por outro, à influência da ideologia burguesa sobre o partido, sobre sua concepção da teoria e sobre sua própria prática política. A despeito de Althusser concordar que inexista uma teoria do Estado marxista (pelo menos de modo sistemático), essa teoria está curso porque há como base tanto as observações e análises dos clássicos (Marx, Engels, Lênin e Mao) como também as experiências socialistas em diferentes formações sociais.

Essa oposição de Althusser ao PCF e a sua defesa do conceito de ditadura do proletariado encontram-se no contexto da sua obra que se classifica como "textos sobre a crise do marxismo", nos quais se incluem: *22º Congresso; O que não pode haver no partido comunista*; "O marxismo como teoria finita"; "Enfim, a crise do marxismo"; "O marxismo hoje"; e o inédito "Marx dentro dos seus limites"; todos textos escritos entre os anos 1977 e 1978. Já Balibar expõe a sua posição no livro *Sobre a ditadura do proletariado*, de 1976.

Althusser observa que o abandono da ditadura do proletariado é por si mesmo um ato simbólico ao apresentar de modo espetacular a ruptura com o passado, abrindo a frente de um "socialismo democrático", distinto do modelo soviético e do Leste Europeu. Althusser aponta que a dominação burguesa na França não se restringe ao aspecto político e parlamentar, mas vai além ao incluir tanto a dominação econômica como também a ideológica. A ditadura do proletariado e de seus aliados é a resposta marxista a esse sistema de dominação.

Para Althusser, a ditadura do proletariado não é um conceito isolado que possa ser "abandonado" ao seu destino solitário, pois está relacionado ao conjunto de conceitos forjados por Marx a partir de 1845. Balibar ratifica que o socialismo não é algo distinto da ditadura do proletariado, mas sim a própria ditadura do proletariado. Também demarca a diferença entre a teoria marxista do Estado e a ideologia jurídica burguesa quando afirma que toda democracia é uma ditadura de classe, seja de uma minoria (da burguesia), seja de uma maioria (do proletariado). Estado de direito é uma noção falsa, já que não há Estado sem lei, sem direito organizado, incluindo o da ditadura do proletariado. Isso significa, então, que todo Estado impõe o seu poder à sociedade por intermédio de um direito, e que, por essa mesma razão, o direito jamais pode ser o alicerce desse poder. Esse alicerce real só pode ser uma relação de forças históricas, alargadas ao conjunto das esferas de ação e de intervenção do Estado, isto é, ao conjunto das esferas de ação e de intervenção do Estado, ou seja, ainda, do conjunto da vida social, uma vez que não há nenhuma esfera da vida social (principalmente o mundo "privado") imune à intervenção do Estado; isso porque a esfera de ação do Estado é por definição universal.

A teoria marxista do Estado de fato está situada na corrente realista do pensamento político, pois define o conflito de classes como motor da história, e o Estado tem um papel central na manutenção da ordem pelo meio da coação física. Mas, como escreveu Balibar: "Não se trata de dizer que o Estado só age pela violência, mas de dizer que o Estado assenta numa relação de forças entre as classes, e não no interesse público e na vontade geral. Esta relação é inteiramente "violenta" no sentido de que não é efetivamente limitada por nenhuma lei e uma legislação, uma legalidade, que, longe de pôr em causa essa relação violenta, não fazem mais do que sancioná-la" (Balibar, 1977, p. 52).

Não seria a negação e o abandono do princípio da ditadura do proletariado a origem da crise secular da esquerda no ocidente? Sem esse referencial básico, se passa a defender postulados liberais, apesar de certas roupagens "radicais". O abandono do objetivo da "ditadura do proletariado" foi justificado porque as "previsões" e o "programa" revolucionário do marxismo não seriam jamais realizados tal qual, pela simples razão de que as "condições" sobre as quais eles se fundavam – uma certa configuração da luta de classes, do capitalismo – não existiam mais, o capitalismo tendo ido "além" destas condições e, assim, do próprio marxismo. Enquanto isso, nenhuma análise séria das modalidades dessa superação não pode desconhecer o fato de que ele é em si mesmo, uma parte fundamental e um resultado oblíquo da efetividade do marxismo.

O eurocomunismo aprofundou a crise do marxismo ocidental reconhecendo os valores da democracia do sistema eleitoral-capitalista representativo. O marxismo ocidental, em seu processo secular de degeneração, não atento à linha de seu pretenso pensamento revolucionário, tornou-se sacerdote dos bens da cultura política capitalista. Adotando a base política liberal, o eurocomunismo e outras correntes políticas do "socialismo democrático" se revelaram como novas manifestações do socialismo utópico. O resultado político foi praticamente nulo. Todos que adotaram essa orientação foram inclusive perdendo suas bases eleitorais.

3.2.6. Glasnost e fim da URSS

A queda da União Soviética é talvez o evento mais comentado do século XX. Existem várias teorias e opiniões sobre os motivos que levaram ao colapso da União das Repúblicas Socialistas Soviéticas. A URSS existiu de 1922 a 1991 e emergiu como uma superpotência após a Segunda Guerra Mundial. Permaneceu como uma das duas superpotências por mais de quatro décadas. Durante a Guerra Fria, a URSS reconstruiu e expandiu sua economia e também ajudou na sobrevivência dos países europeus afetados pela guerra, transformando-os em Estados satélites. Porém, a partir da década de 1970, começa um período de estagnação econômica, social e política.

Quando Mikhail Gorbachev chegou ao poder pela primeira vez, em 1985, a União Soviética havia sido assolada por décadas tumultuadas, repletas de guerras, escassez de alimentos e graves problemas sociais. Na tentativa de restaurar o governo em crise, Gorbachev introduziu a política da glasnost, que visava flexibilizar a censura e introduzir graus de democracia no governo soviético. O termo "glasnost" é frequentemente associado à perestroika, outra política introduzida pouco antes da glasnost e focada na reestruturação da economia soviética. Os bens de consumo eram fabricados com padrões precários, a produção industrial havia se tornado lenta e a economia, em geral, estava fraca, exaurida pela corrida armamentista da Guerra Fria. A perestroika foi a reestruturação da economia soviética, afastando-a do controle centralizado e a transformando em uma economia que favorecia as pequenas empresas e os negócios individuais. Gorbachev queria modernizar a URSS. Ele precisava impedir que tanto dinheiro fosse gasto na corrida armamentista e, portanto, precisava melhorar as relações com os EUA. Gorbachev introduziu políticas de glasnost e perestroika numa tentativa de fazer o comunismo funcionar na URSS. A glasnost não tinha como objetivo destruir o sistema, mas aperfeiçoá-lo. A ideia era flexibilizar o monopólio político do Partido Comunista, pois já teria ocorrido a supressão da burguesia contrarrevolucionária.

A glasnost foi uma tentativa de conciliação com o marxismo ocidental e o eurocomunismo. Para Gorbachev, glasnost era *realpolitik*. Ele havia herdado um sistema assolado pela corrupção e em perigo de colapso econômico. O país precisava urgentemente de mudanças. Mas, para angariar apoio e pressão para essas mudanças, Gorbachev teria que deixar as pessoas verem alguns dos problemas que seu Partido Comunista havia tão zelosamente escondido da opinião pública. Como parte da iniciativa, Gorbachev incentivou os sovietes a se manifestarem sobre o comunismo e que o partido ouvisse as massas em geral. Eleições foram introduzidas, retirando toda a autoridade anteriormente detida pelo Partido.

Com a introdução da glasnost, Gorbachev buscava manipular a opinião pública para apoiar sua agenda de reforma. Ela seria realizada para consolidar a legitimidade das reformas. A glasnost afrouxou o controle estatal sobre a mídia e permitiu uma disseminação de notícias liberais e informações por toda a União Soviética. O partido logo perdeu o controle, em parte graças a jornalistas corajosos que expandiram os limites da liberdade muito além dos limites que Gorbachev tentava manter. Muitos outros aspectos da vida social soviética foram alvo de escrutínio: educação, baixas pensões, inflação crescente, pobreza oculta e não tão oculta. Houve inúmeras queixas sobre o declínio dos costumes e da moral. Com a glasnost, o questionamento ganhou escopo e profundidade. Todos os tipos de tensões reprimidas, nacionais e sociais, vieram à tona. Claramente, Gorbachev permitiu a dissensão e foi destruído por ela. Sociedades informais surgiram fora do partido e de suas organizações satélites, e nelas tópicos antes tabu são livremente (ou quase livremente) discutidos. Rapidamente cresceram grupos informais que se tornaram "frentes populares" em cada república. Ao esvaziar o poder central soviético, a glasnost provocou o crescimento do nacionalismo nas repúblicas não russas, desencadeando lutas por novas soberanias. Por fim, Gorbachov tentou construir a legitimidade por meio de eleição. Em 1991, a União Soviética foi dissolvida por Gorbachev.

A velocidade com que o Estado soviético se desintegrou foi uma surpresa para quase todos. Isso aconteceu porque a soberania foi esvaziada num momento de crise. Sem a glasnost, e com avanços na Perestroika, era capaz da URSS seguir existindo nos nossos dias. A dura lição da URSS é que o Leviatã Socialista não é dispensável. Sua desestruturação leva ao retorno de influências capitalistas. A glasnost esvaziou o poder soberano soviético, o que acabou por dissolvê-lo. Ao tentar ir "além do Leviatã", a glasnost levou à ruína do socialismo soviético. Foi a glasnost a principal responsável pelo fim da URSS. Não deveria ter sido feito desta forma, mas fez. E por essa razão, a glasnost é considerada um fracasso do Estado.

3.2.7. Fukuyamismo de esquerda

Em 1989, Francis Fukuyama publicou artigo intitulado "O Fim da História?" sobre o declínio do comunismo e o triunfo do Ocidente. O esgotamento da experiência soviética seria o esgotamento do próprio socialismo como alternativa ao capitalismo. O capitalismo liberal passaria a ser inexorável. Sem a estrela-guia soviética, as experiências socialistas estariam fadadas ao fracasso. Os desdobramentos imediatos da crise soviética pareciam atestar esta tese. Tudo apontava para que o efeito em cadeia fosse completo. Entre 1989 e 1992 deixou de existir a grande maioria dos estados que se denominaram socialistas do mundo. A República Popular Polonesa voltou ao multipartidarismo e ao capitalismo de mercado em 1990. A República Democrática Alemã foi absorvida pela República Federal Alemã. Os conflitos nacionalistas acabaram com a República Socialista Federal da Iugoslávia. Com a queda das repúblicas sociais da URSS, outros países socialistas também mudaram de regime. Em 1990, abandonam o marxismo-leninismo Argélia (república socialista apoiada pelos soviéticos desde 1962), Benin (que era Estado Socialista desde 1975), Moçambique (que desde 1975 havia adotado o governo socialista). Em 1991, o mesmo acontece no Congo (que teve um estado socialista desde 1970 sob o governo do Partido Trabalhista congolês), Guiné-Bissau (que seguia o modelo soviético desde 1974), Etiópia, Somália e Mali. Em 1992, Mongólia abandona a República Popular, criada em 1924. Com a derrocada da "nave-mãe", era apenas uma questão de tempo para que os governos socialistas "satélites" seguissem o mesmo caminho. E para os socialistas no resto do mundo, o recado estava dado: era melhor nem tentar mais porque seu fracasso seria inevitável. Busquem outro caminho dentro do capitalismo liberal, porque o socialismo real acabou.

A tese exposta por Francis Fukuyama de que havíamos chegado ao "fim da história" por não existir um sistema superior ao capitalismo liberal ganhou corações e mentes por todo canto. Amplos setores da esquerda no ocidente passaram a defender as linhas de Fukuyama, mesmo sem saber, aceitando silenciosamente que a atual ordem liberal-democrática é a melhor possível e que, ainda que seja necessário lutar para torná-la mais justa, não devemos questionar suas premissas fundamentais. Poucas organizações continuam defendendo a ditadura do proletariado. Passam a falar em governo popular, democracia socialista, socialismo democrático, liberalismo progressista, etc.

Defender a ditadura do proletariado só poderia ser brincadeira depois da "tirania brutal e crimes monumentais em nome do socialismo". A URSS e dezenas de experiências socialistas no século XX e atuais teriam traído os verdadeiros princípios socialistas. Na esteira de Fukuyama, diversos marxistas no ocidente passaram defender a democracia-liberal como limite último da luta social. Com o marxismo fukuyamista, o marxismo ocidental chegou ao seu ápice de aceitar que o capitalismo poderia ser considerado a forma definitiva do desenvolvimento social humano. O comunismo do século XX usou em demasiado a violência e devemos rejeitar qualquer possibilidade que, com o poder do Estado, os comunistas passam fazer o que quiser. Qualquer tentativa nesse sentido seria stalinismo. Traumatizada com a experiência stalinista, grande parte do marxismo ocidental passa a ofuscar o tema sensível da ditadura do proletariado. O stalinismo seria um "totalitarismo burocrático", um "Estado operário degenerado". Ao lançar mão da ditadura do proletariado, o marxismo ocidental perdeu a única solução realista para a crise capitalista.

A degeneração do "fukuyamismo de esquerda" chegou ao ponto de se tornar neoliberal. Nancy Fraser concebe um "neoliberalismo reacionário" e um "neoliberalismo progressista". Embora essas duas vertentes diferenciem-se no plano das identidades e dos costumes, elas têm uma agenda econômica comum. A imposição do consenso representa antes de tudo uma vitória discursiva do neoliberalismo, que valoriza termos como "mercado" e, pelo menos até a crise de 2008, consegue banir da agenda corrente termos como "socialismo" e "planejamento". Fraser concebeu uma reformulação nos termos da disputa política hoje, com a emergência, na esquerda, de um neoliberalismo reembalado em pautas não-econômicas que se pretendem progressistas para se opor ao reacionarismo neoliberal. A pauta política desta esquerda, portanto, deixa de ser o desejo de abolição das hierarquias socioeconômicas para ser uma defesa da diversificação das mesmas (Fraser, 2017) — em síntese, não brancos, não homens e não heterossexuais ocupando espaços de dominação ao invés da dissolução destes mesmos espaços. Em tal contexto, muitas lideranças da esquerda passam a assumir pautas limitadas e resignadas à ordem dominante, aceitando como axioma a impossibilidade de mudança da ordem neoliberal e capitalista — portanto, assumindo como horizonte político algo como um mínimo de contenção de danos sociais. No período neoliberal, certa esquerda estaria assumindo uma posição de ainda maior resignação — chamada, por Dardot e Laval (2016) de "neoliberalismo de esquerda". As posições de "terceira via", "nova esquerda" e "neoliberalismo progressista", por exemplo, se limitaram a defender pautas de defesa da "nova gestão pública" (o modelo empresarial de ação pública) e políticas identitárias, abrindo mão de disputar campos fundamentais como o da economia — com visões que inclusive renegam o fato de que as questões culturais e as políticas de reconhecimento não podem ser descoladas da dimensão econômica (Fraser, 2018). Fraser apela a uma "esquerda genuína" que separe emancipação da financeirização e se reconecte com os de baixo, uma esquerda que não aceite apenas escolher entre populismo reacionário e o neoliberalismo progressista.

Esse neoliberalismo de esquerda revela o quanto foram entronizadas as ideias difundidas pelos liberais, a grande imprensa e a burguesia, de que o fim da URSS prova que o socialismo não deu certo e por isso estaria sepultado para sempre. Para tentar fundamentar, explicam a queda dos Estados operários burocratizados do leste europeu como consequência das contradições e limites do próprio socialismo. Afirmam que na corrida econômica entre as duas superpotências, os EUA venceram, e, portanto, estaria tirada a prova dos nove de qual sistema social seria melhor. E assim, aceitam o ditado de Margareth Thatcher: "Não há alternativa ao capitalismo liberal".

3.3. Do socialismo Utópico ao Socialismo Neoutópico

Com o fim da URSS, emerge uma série de autores que reproduzem e ampliam esses marcos utópicos do marxismo ocidental. Desde o final do século XX e início deste século, assistimos ao ressurgimento do socialismo utópico. As tendências neoutópicas dizem que seria possível "mudar o mundo sem tomar o poder". Consideram, sobretudo, que a luta pela transformação social prescinde da luta pelo poder do Estado, bem como da luta pela sua destruição. Expulsam do seu campo de reflexões a análise teórica tanto da dominação política e da coerção exercida pelo Estado na sociedade capitalista como do papel do Estado na transformação social.

O pensamento de John Holloway, influenciado pelos acontecimentos que abalaram a esquerda mundial – a queda do bloco soviético, a crise do Estado de bem-estar social, as mudanças econômicas em direção ao mercado efetuadas pela China – estabelece como alvo de crítica o marxismo comunista do século XX. Holloway defende o abandono do modelo de revolução ou transformação do mundo associada à conquista do poder político. Seria impossível não se corromper com a lógica do Estado. O que está em jogo na mudança revolucionária não é mais "tomar o poder", mas a própria existência do poder. A transição de uma política da organização para uma antipolítica do evento pode encontrar seu caminho, diz ele, por meio das experiências de Maio de 68, da rebelião zapatista ou da onda de manifestações contra a globalização capitalista.

Ele rejeita a ideia de que a luta revolucionária pelo poder é o pré-requisito para a transição ao socialismo. Em um texto escrito na década de 70, Holloway segue a referência a experiência histórica do "eurocomunismo" – que teria trabalhado "através das formas burguesas [leia-se Estado] para ganhar posições de poder e de influência" – e do "Estado de bem estar social" – sinônimo de expansão burocrática e consequente aumento da sua presença na vida cotidiana das pessoas. Partindo da crítica ao conceito de "autonomia relativa do Estado", afirma que "[...] o Estado não é uma simples instituição nem um fenômeno que diz respeito a todas as sociedades, mas uma forma historicamente determinada e transitória de relação social", de sorte que a forma Estado seria mais uma das formas de expressão das relações de produção capitalista que não se expressam enquanto forma de dominação classista, mas enquanto formas fragmentadas aparentemente atemporais, a-históricas: forma mercadoria, forma dinheiro, forma capital, forma renda, etc. Se o Estado, enquanto forma estatal, é mais uma das formas fetichizadas constitutivas da sociedade capitalista, seria um equívoco concebê-lo enquanto uma superestrutura, um aparato ideológico que integra as massas, um aparato repressivo ou analisá-lo nos termos de suas funções, pois o importante "... não é unicamente a função que desempenha, mas a forma histórica em que desempenha".

No limite do que concebe enquanto forma-Estado, Holloway parte da constatação de que "A aparente impossibilidade da revolução no começo do século XXI reflete, na realidade, o fracasso histórico de um conceito particular de revolução, o conceito que identificava revolução com controle de Estado". Com o intuito "de tornar mais aguda a crítica marxista do capitalismo", aponta que o grande problema das experiências históricas de superação do capitalismo e dos teóricos que defendem estas experiências seria o de entenderem "o Estado como motor da mudança radical". Mas o Estado seria "... apenas um nó de uma rede de relações de poder" e mudar a sociedade através do Estado pressuporia, segundo Holloway, a soberania estatal, de sorte que: 1. A luta pela transformação social se converteria em luta pela defesa do Estado; 2. A luta contra o capital se converteria em luta anti-imperialista contra a dominação dos estrangeiros; 3. O que resultaria na mistura do nacionalismo com o anticapitalismo. Por conseguinte, enfatizar-se-ia a construção do Partido (e a do exército) como algo positivo para a "construção das instituições, a construção do poder". Assim ele identifica o poder e o governo, em si, como "um fetiche horrendo que contamina todo aquele que ousa tomá-lo em suas mãos". Logo, superar o capitalismo, transformar a sociedade implicaria na criação de um "espaço de antipoder". Na mesma linha de Bukárin, Holloway diz que "nos rebelamos contra o capitalismo, não é porque queremos uma sociedade de poder diferente, é porque queremos uma sociedade em que sejam dissolvidas as relações de poder. Uma vez que se adota a lógica do poder, a luta de classes contra ele já está perdida" (2002, p. 32).

A teoria de Holloway, sendo contra o estabelecimento da ditadura do proletariado, também é contra a constituição de um exército revolucionário. Não se explicar como se garantirá a desapropriação dos apropriadores e a defesa da revolução socialista de uma contrarrevolução. Se as concepções de Holloway fossem, hipoteticamente, encampadas por aqueles sujeitos revolucionários, como teria sido possível resistir à guerra imperialista e a todas as tentativas de destruição das experiências históricas de ataque frontal da supremacia capitalista?

István Mészáros escreveu o livro "Para Além do Capital", com mais de mil páginas, para defender que a URSS não era socialista e que processos de transição assentados num Estado proletário são inviáveis.

> Tanto os sovietes como os conselhos de fábrica foram destituídos de qualquer poder efetivo e, no decorrer do debate sindical, qualquer tentativa de assegurar mesmo um grau bem limitado de autodeterminação para a base da classe trabalhadora era descartada como "tolice sindicalista" ou como "um desvio em direção ao sindicalismo e ao anarquismo", vista como uma ameaça direta à ditadura do proletariado. A ironia cruel de tudo isso é que o próprio Lenin, totalmente dedicado à causa da revolução socialista, contribuiu para paralisar as mesmíssimas forças da base da classe trabalhadora às quais, mais tarde, voltaria pedindo ajuda, uma vez percebidos por ele os perigos dos desenvolvimentos que, na Rússia, iriam culminar no stalinismo. Contra este cenário, é patético ver Lenin, um gênio da estratégia realista, comportar-se como um utópico desesperado, de 1923 até o momento de sua morte: propondo

> insistentemente esquemas impossíveis – como a sugestão de criar uma maioria no Comitê central com quadros da classe trabalhadora, a fim de neutralizar os burocratas do Partido – na esperança de reverter esta tendência perigosa, então já muito avançada. A grande tragédia de Lenin foi que a sua incomparável, instrumentalmente concreta e intensamente prática estratégia o derrotou no final. No último ano de vida, então já não havia mais saída para seu isolamento total. Os desenvolvimentos que ele mesmo, mais que qualquer outro, ajudou a dinamizar fizeram-no historicamente supérfluo. A forma específica como ele viveu a unidade de teoria e prática acabou por ser o limite de sua grandeza (p. 1.023).

No alto de sua vida na Inglaterra, denuncia Lênin e o terror stalinista como um desvio de um "caminho natural" do socialismo baseado no fenecimento do Estado. Próximo das teses anarquistas, Mészáros considera o Estado um mal em si mesmo, pois seria "uma estrutura totalizadora de comando político do capital que deve estabelecer o controle sobre as contradições inerentes ao sistema social global". Na visão de Mészáros, o Estado deve atuar corretivamente primeiro sobre o antagonismo entre produção e controle, garantindo a extração de mais-trabalho, assegurando uma estrutura legal, sancionando e protegendo os meios de produção, seus proprietários individuais, suas personificações; deve, ainda, garantir a transmissão da propriedade; assegurar, via intervenções políticas, a mediação de conflitos intraburgueses, ou entre as unidades socioeconômicas particulares. Segundo, o Estado precisa ajustar suas funções reguladoras em consonância com o processo de reprodução socioeconômico, apoiando (no plano político) a dominação do capital sobre eventuais forças que possam desafiar as desigualdades prevalecentes no plano da distribuição e do consumo. Não raro, o Estado também atua como comprador direto, provendo necessidades do conjunto da sociedade em distintas direções e níveis, como saúde, educação, habitação, infraestrutura ou sob a forma de aportes diretos e indiretos para setores importantes da economia, a exemplo do complexo industrial-militar. Terceiro, e por fim, há a necessidade de criar a circulação como um empreendimento global, em dois níveis: no interior de seus limites territoriais, nos países centrais, oferecendo melhores condições de reprodução social para a classe trabalhadora, não raro, associadas à democracia liberal; fora de seus limites, a partir de uma atuação direta ou indireta, como "um governo maximizador da exploração, implacavelmente autoritário" (Mészáros, 2009).

> O Estado em si não pode refazer a ordem social reprodutiva do capital porque é uma *parte integrante* dela. O grande desafio da nossa época é a necessária *erradicação* do capital da nossa ordem sociometabólica. E isso é inconcebível sem erradicar, ao mesmo tempo, as formações estatais do capital historicamente constituídas em conjunção com a dimensão de reprodução material do sistema e inseparável dela. Assim, para que a *tomada de decisão global* no processo sociometabólico seja radicalmente alterada, é necessária a eliminação da contradição fatal entre a *dinâmica interna* de reprodução produtiva do sistema e a *tendência repressiva internacional* inseparável dela, como vivido na ordem social do capital salvaguardada e defendida pelo Estado.

Para Mészáros, o Estado em si não pode ser "derrubado", tendo em vista o seu profundo entranhamento no metabolismo social. As relações capitalistas de propriedade privada de determinado Estado podem ser derrubadas, mas isso por si só não é uma solução. Tudo que pode ser derrubado pode também ser restaurado. Capital, trabalho e o Estado estão profundamente interligados no todo orgânico do metabolismo social historicamente constituído. Nenhum deles pode ser derrubado sozinho, nem ser "reconstituído" separadamente. Mészáros critica a antecipada curta duração da fase histórica da ditadura do proletariado, seguida de um processo sustentado de "fenecimento" – até o ponto da retenção das funções puramente administrativas –, não se materializou. Ao contrário, o Estado assumiu o controle sobre todas as facetas da vida social, e a ditadura do proletariado foi promovida ao status de ser a forma política permanente de todo o período histórico de transição (p. 561). Para ele, isso foi ruim por que não estaria na sua leitura de Marx. Na sua visão, a principal função da ditadura do proletariado seria deixar de ser uma ditadura, independentemente das condições externas. Pensamento típico das "belas almas". O próprio Mészáros reconhece que não tem perspectiva que seu debate tenha algum grau de realismo:

> Da mesma forma, seria ingênuo pensar que possamos deixar esses problemas de lado, declarando apenas que a ditadura do proletariado como forma política pertence ao passado, enquanto o futuro e o presente devem ser pensados de acordo com o princípio do pluralismo – que, por sua vez, necessariamente, implica uma concepção da divisão do poder como um "compromisso histórico". Ainda assim, mesmo que aceitemos a pragmática viabilidade e a validade histórica relativa desta concepção, a questão de como constituir e exercer um poder político que contribua ativamente para a transformação socialista da sociedade, em vez de adiar indefinitivamente sua realização, permanece tão sem resposta quanto antes.

Para ele, a permanência do domínio da sociedade pelo Estado e da recusa deste em "dissolverse" diz respeito ao proletariado. Em suas palavras, "uma revolução da classe trabalhadora só em uma escala histórica de longo prazo é também, ipso facto, uma revolução "contra o próprio Estado" (isto é, contra o Estado como tal). Mas não o é em termos do impacto realmente praticável de seus objetivos imediatos inevitáveis. Tal limitação não é simplesmente a consequência de uma revolução isolada e de seu subsequente "cerco", embora, é claro, este último tenha muito a ver com ela, na medida em que "a coordenação nacional e internacional harmoniosa" do relacionamento social prevista por Marx é algo com que não se pode sequer sonhar em tais circunstâncias. No mundo utópico de Mészáros, lutar contra o Estado seria a própria tarefa de "elaborar a emancipação econômica do trabalho" mediante a "forma política finalmente descoberta", de modo que o "trabalho livre e associado" assuma a forma de "sociedades cooperativas unidas" a fim de "regulamentar a produção nacional segundo um plano comum". Decerto, a "dissolução" final do Estado é inconcebível sem uma redução e simplificação progressivas de suas tarefas e sua transferência para o corpo social "auto-operante e autogovernado". Entretanto, supor que este processo de redução e simplificação no plano político possa ser realizado substituindo-se imediatamente o Estado como tal por uma "nova forma política" não problemática, após o que só permanecem as dificuldades relacionadas à emancipação econômica da sociedade em relação à divisão do trabalho, equivale a tomar um atalho ideal em direção ao futuro. Isto é tanto mais problemático na medida em que a base social da "divisão sistemática e hierárquica do trabalho" é inseparável da "superestrutura de um poder estatal centralizado", ainda que não do tipo capitalista. Na realidade, o Estado só pode ser "desmantelado" (no processo da "desalienação" política e "comunalização" da sociedade) na mesma proporção em que a própria divisão social do trabalho herdada seja correspondentemente modificada e, desse modo, o sociometabolismo como um todo seja eficazmente reestruturado (p. 1.041).

É sabido que nos últimos anos de sua vida, István Mészáros esteve sistematicamente dedicado à pesquisa, preparação e redação do que deveria ser sua obra sobre o Estado. Publicou *Para além do Leviatã: crítica do Estado*, no qual repetiu seus argumentos de que Estado e Capital são complementares, e, portanto, devem ser extintos. Sem qualquer experiência histórica que tenha alvejado isso, nem remotamente, o pensamento utópico do acadêmico defende a transcendência dos órgãos não estatais de controle social e autoadministração dos produtores livremente associados como "transição na transição", simultaneamente ao deslocamento no interior do próprio Estado, através de mediações concretas no tempo presente com vistas à transição que deverá se completar na temporalidade de longo prazo. Para ele, este é o significado último da noção de "fenecimento do Estado", cuja viabilidade prática, no nível da temporalidade de largo prazo, está afiançada a transformação de todos os aspectos das relações recíprocas entre capital, trabalho e o próprio Estado, graças às conexões profundas, materialmente constituídas.

Outra versão sofisticada de socialismo neoutópico é elaborada por Alain Badiou. Em sua visão, "não existe mais nenhum Estado poderoso que reivindique para si o comunismo ou mesmo o socialismo". Badiou diz que as revoltas de maio de 1968 decretaram o "fim de uma velha concepção de política". A Revolução Cultural na China seria a "última sequencia política significativa ainda interna ao partido-Estado" (p. 64). Com a morte de Mao, Deng Xiaoping toma o poder por um longo período de implantação dos métodos capitalistas, com a manutenção do partido-Estado. No alto de sua arrogância, afirma que "no século XX, os socialismos fracassaram totalmente. Eles próprios tiveram que voltar ao dogma capitalista e desigualitário" (p. 9). Para Badiou, "o Estado é sempre a finitude da possibilidade e o evento é sua infinitização". Em outro momento, diz que "o Estado organiza e mantém, com frequência pela violência, a distinção entre o que é possível e o que não é. Daí resulta claramente que um evento é uma coisa que advém enquanto livre da força do Estado" (p. 139).

Para Badiou, a "ideia comunista" foi reativada por ele numa conferência universitária realizada em Londres, em 2009. Diz que o importante é a palavra "comunismo" recupere seu valor positivo. A preocupação de Badiou, diante do "fracasso do socialismo", é "pensar a política fora de sua sujeição ao Estado e fora do quadro dos partidos, ou do partido" (p. 110). Para ele, "a tarefa do dia é defender a criação de uma disciplina livre do domínio do Estado" (p. 128). Para ele, os comunistas não devem se contaminar com o Estado. Assim como Holloway e Mészáros, defende que a organização política permaneça à margem do Estado.

Em 2019, Frei Betto lança "o marxismo é útil?". Ele fala que o "sonho de Marx" não pode ser confundido com "os crimes de Stálin e as barbaridades da revolução cultural chinesa". O marxismo não poderia se confundir com os marxismos que chegaram ao poder. Seria preciso voltar para Marx para enfim redescobrir a pureza do socialismo, sem dogmas e longe daqueles que "o utilizaram para disseminar o medo, o terror e sufocar a liberdade". Para ele, o marxismo é um método de análise da realidade e é útil para compreender a atual crise capitalista. Ao analisar as contradições e insuficiências do capitalismo, "nos abre uma porta de esperança a uma sociedade que os católicos caracterizam como o mundo em que todos haverão de partilhar os bens da Terra e os frutos do trabalho humano. A isso Marx chamou de socialismo" (p. 19).

Betto responsabiliza, naturalmente, Stálin pelo desvio do marxismo. Diz que Lênin estava preocupado com a democracia formada por conselhos operários e que queria que o poder fosse exercido de forma ativa pela população. O problema da URSS acabou sendo o monopólio do partido único, que inibiu os mecanismos de participação democrática e suprimiu o pluralismo político. Ele reconhece que, "apesar das dificuldades, em países socialistas não se encontravam chagas sociais como favelas, desemprego, analfabetismo, prostituição e drogas", mas, mesmo assim, o problema era "o modelo stalinista que inviabilizou o mínimo de democracia". Em sua visão, "a polícia tornou-se a única interlocutora do Estado junto aos setores descontentes, sem que o governo jamais se perguntasse sobre a procedência e a natureza das vozes descontentes". Além disso, "o marxismo leninismo deixou de ser ferramenta de transformação da história para tornar-se uma religião secularizada, defendida em sua ortodoxia pelos sacerdotes do Partido". E, assim, "ensinava-se a não pensar". Com isso, a URSS não conseguiu assegurar uma verdadeira democracia e a China teria se transformado num "capitalismo de Estado". Para ele, os desvios terríveis de Stálin agora exigem que se fale em socialismo democrático e que se defina seu conteúdo. Claro, ele não realiza tal definição, apenas aponta que "o Estado deve ser resultado da teia de movimentos sociais e políticos. Os conselhos populares, propostas na teoria e difíceis de serem efetivados, podem ser o embrião da soma progressiva da democracia formal com a substancial".

Este tipo de argumentação é abundante entre os trotskistas. Para Michel Lowy, "o que fracassou nos países do leste foi uma caricatura burocrática do socialismo: o marxismo foi usado só para legitimar um estado que não tinha muito a ver com a essência socialista, em que a sociedade controla democraticamente os meios de produção e consumo. Talvez no começo, havia uma tentativa, mas virou uma ditadura totalitária". Trótski sempre levantou a necessidade de restaurar a democracia proletária e o multipartidismo soviético como parte do programa de uma revolução política através da qual a classe trabalhadora liquidaria a burocracia, restabeleceria o poder dos sovietes e com base na nacionalização a propriedade regeneraria o caráter revolucionário do estado dos trabalhadores, que incluía a luta internacional pelo socialismo contra o socialismo em um único país de Stálin.

Outra expressão do marxismo ocidental utópico é dada por Toni Negri e Michel Hardt. Eles partem do diagnóstico que, com o fim da URSS, estava nascendo um Império que estaria esvaziando a soberania dos Estados-nação e, com ela, a própria possibilidade da representação política. Articulam tal diagnóstico com a postulação de um sujeito político emergente, uma multidão de singularidades que, impulsionada pela própria forma do trabalho no capitalismo cognitivo, teria potencialmente a capacidade de instaurar, por meio da cooperação e da invenção, aquilo que os autores chamam de democracia absoluta. Segundo Negri e Hardt, não restaria alternativa senão reconhecer o fracasso do ideal da representação, dada a erosão da soberania do Estado-nação, deslocada pelo Império. "Quando a soberania nacional é removida pela autoridade de um novo poder supracional, o Império, a realidade política perde a sua medida. Nessa situação, a impossibilidade de representar o povo torna-se cada vez mais clara, e assim o próprio conceito de povo tende a evaporar-se" (2003, p. 120). O inimigo, o antagonista da qual a fantasia utópica da multidão depende para constituir-se, e cuja eliminação assinalaria seu triunfo final, é a forma-estado tal como a conhecemos atualmente. Em termos estruturais, é o arcabouço jurídico-político do Estado que garante sustentação ao complexo de instituições financeiras, organismos de governança internacionais e megacorporações transnacionais que conformam o Império. A multidão é notadamente anticapitalista, por certo, mas a soberania cuja desconstrução Negri e Hardt afirmam ser indispensável à efetivação da democracia absoluta é sustentada e atualizada pelo Estado e suas instituições.

Nesse sentido, os autores partilham com pensadores liberais a certeza de que o elemento transcendente da soberania opera como um mecanismo de usurpação da legitimidade imanente do *demos*. Negri e Hardt apostam na realização de uma espécie de anarcocomunismo – sem o Estado a sustentar o Império, a produção cooperativa do comum operada pela multidão enfim encontraria condições para florescer. Para os autores, as lutas dos trabalhadores começaram a se cruzar cada vez mais com lutas feministas, antirracistas, em defesa dos imigrantes e pela liberdade de movimento, ou com as lutas ambientais. E conclui que "o comunismo é uma paixão coletiva alegre, ética e política que luta contra a trindade da propriedade, das fronteiras e do capital". Para eles, é preciso ter uma política que consiste no processo de sua própria desaparição.

O filósofo Vladimir Safatle da USP também não esconde o utopismo. Para ele, o principal problema da esquerda é ter medo de dizer seu nome – "uma esquerda que não tem medo de dizer seu nome deve falar com clareza que sua agenda consiste em superar a democracia parlamentar pela pulverização de mecanismos de poder de participação popular direta". Para ele, "a esquerda deve mostrar que é capaz de governar sem produzir novas modalidades de sofrimento e insegurança social". Isso porque "gerir o poder é instaurar um processo de reforma que faça com que cada vez menos se seja dependente dos setores mais atrasados da vida social. É importante cada vez menos ter que gerenciar o atraso transformando paulatinamente os processos decisórios do governo em direção à democracia direta. Essa era a saída e a esse respeito nada foi tentado". Para Safatle, o que estaria em jogo é "democracia do futuro" e cita o exemplo da Islândia. Os países de socialismo real, entretanto, não passaram de um "autoritarismo mal-disfarçado, nutrida por uma ânsia de proteção dos mais carentes"" Para ele, a esquerda errou historicamente com as experiências socialistas no leste europeu que, de um modo ou de outro, desembocaram em ditaduras transvestidas de socialismo. Para ele, o socialismo verdadeiro está distante de um viés autoritário que a caracterizou ao longo das décadas. Por isso, o centro da ação da esquerda deve ser 1) Igualdade Radical: busca pelas mesmas condições civis, econômicas, políticas e sociais que ofereçam as mesmas possibilidades de crescimento, expressão e singularização para cada um. "Todos são iguais, ninguém é melhor que ninguém, não pode haver qualquer privilégio possível e aceitável. Ninguém está acima de ninguém"; Indiferença às Diferenças: todo esforço da esquerda é para que as diferenças se multipliquem sem criar privilégios e hierarquias. Lado a lado todos são diferentes. "A indiferença às diferenças significa hospitalidade incondicional, a capacidade de expressão livre e individual de cada um no meio em que vive. A chance de agir e pensar de modo único, natural e livre"; Soberania Popular: luta contra toda e qualquer casta tecnocrática, de esquerda e de direita. "Para a esquerda, não há poder salvador, apenas poder do povo. Isso significa esvaziamento progressivo do Poder Legislativo e do Poder Executivo em prol de mecanismos de democracia direta, onde a população faça parte das decisões que lhe dizem respeito". E também fala do "fim do uso de energia fóssil (petróleo, carvão, gás) em dez anos e substituição por energias renováveis de baixo impacto para as comunidades".

3.4. Marxismo Ocidental x Marxismo Oriental

Com a Revolução Russa de 1917 abriu-se uma época de transição que parecia ter terminado com o derrube do "socialismo real" na Europa oriental e na URSS. Pelo menos assim o pretenderam os agoireiros do "triunfo definitivo do capitalismo sobre o socialismo e o comunismo". Nos anos recentes, quando a modalidade neoliberal do capitalismo se esgotou e o imperialismo estadunidense desencadeou uma estratégia expansionista que colocou o sistema perante a possibilidade de uma nova crise econômica de proporções semelhantes ou ainda maiores que a grande crise de 1929-1933, os processos de transição estão recobrando um novo impulso. Por isso é necessário examinar os elementos teóricos e práticos da transição do capitalismo ao socialismo, legados pelo pensamento marxista e pelas experiências socialistas.

Para Domenico Losurdo, por muito tempo o "marxismo ocidental" celebrou a sua superioridade em relação ao marxismo dos países que se remetiam ao socialismo e que estavam todos situados no Oriente. Em decorrência dessa atitude arrogante, o marxismo ocidental nunca se empenhou seriamente em repensar a teoria de Marx à luz de um balanço histórico concreto: qual era o papel do Estado e da nação nesses países e no "campo socialista"? Como promover a democracia e os direitos humanos e como estimular o desenvolvimento das forças produtivas e o bem-estar das massas numa situação caracterizada pelo bloqueio capitalista? Ao invés de pôr-se essas questões difíceis, o marxismo ocidental preferiu abandonar-se à cômoda atitude auto consolatória de quem cultiva em particular as suas utopias e rejeita, como uma contaminação, o contato com a realidade e a reflexão sobre a mesma. Disso derivou uma progressiva capitulação à ideologia dominante. Por fim, a autocelebração do marxismo ocidental desembocou na sua autodissolução.

Por que o marxismo ocidental, após desfrutar de um sucesso extraordinário até as décadas de 1960 e 1970, mergulhou numa crise tão profunda? Losurdo lembra que, sem dúvida, os fatos históricos que todos conhecemos e que culminaram com a queda da União Soviética e do "bloco socialista" desempenharam neste caso um papel fundamental. No entanto, embora inevitável, esse tipo de explicação não é exaustivo: é necessário aprofundar a análise, concentrando a atenção nas fraquezas intrínsecas que o marxismo ocidental revela no Ocidente, mesmo na época em que sua hegemonia parece incontestável. Desde o início, marxismo ocidental e marxismo oriental tendem a seguir dois caminhos diferentes, a partir do momento em que se esboçam as primeiras dificuldades e tragédias do regime nascido da Revolução de Outubro, mas sobretudo a partir do momento em que se evidencia a crise do "socialismo real", a divergência entre marxistas orientais e marxistas ocidentais assistiu à contraposição entre marxistas que, de um lado, exercem o poder e marxistas que, de outro, estão na oposição e se concentram cada vez mais na "teoria crítica", na "desconstrução", aliás, na denúncia do poder e das relações de poder como tais. Está aqui precisamente o ato de nascimento do "marxismo ocidental", o qual, distanciando-se progressivamente do poder, julga identificar a condição privilegiada para redescobrir o marxismo "autêntico", não mais reduzido à ideologia de Estado.

> O marxismo ocidental concentrou-se quase exclusivamente nas "formas respeitáveis" do domínio burguês e capitalista. Após perder de vista a sorte que, em primeiro lugar, estava reservada aos povos coloniais e de origem colonial, a crítica do "socialismo real", embora absolutamente necessária, desembocou numa banal apologética liberal e numa liquidação indiferenciada da história do comunismo do século XX [...]. Por fim, o marxismo ocidental desfrutou de sua distância do poder como uma condição privilegiada ou exclusiva para o desenvolvimento das potencialidades críticas da teoria de Marx. Mas se por um lado a distância do poder e o desdém diante do poder podem ofuscar a lucidez do olhar, por outro podem turvar a visão, tornando mais difícil a compreensão dos conflitos mundiais, favorecendo uma atitude idealista e, em última análise, a fuga da história [...]. No conjunto, com o passar dos anos, o marxismo ocidental acabou involuntariamente representando duas figuras fundamentais da filosofia hegeliana: na medida em que se satisfaz com a crítica e, aliás, encontra sua razão de ser na crítica, sem pôr-se o problema de formular alternativas possíveis e de construir um bloco histórico alternativo àquele dominante, ele é a ilustração da sabichonice do dever ser; quando, pois, desfruta da distância do poder como uma condição da própria pureza, ele encarna a bela alma. Talvez não seja por acaso que hoje tenha tanto sucesso no ambiente de esquerda um livro, que desde o título convida a *mudar o mundo sem tomar o poder*. A autodissolução do marxismo ocidental se configura aqui como o abandono do terreno da política (Losurdo, 2018).

Como a ruptura do marxismo ocidental com a revolução socialista trata principalmente da recusa em assumir os problemas com que a conquista do poder se depara, o contraste foi crescendo com o tempo. Para Losurdo, "habituado ao papel de oposição e de crítico – e, em boa medida, influenciado pelo messianismo – o marxismo ocidental olha com suspeita ou reprovação para o poder que o marxismo oriental é chamado, pela vitória da revolução, a gerir" (p. 179). O marxismo oriental emulou mais de um século de pensamento sobre o poder, enquanto o marxismo ocidental chegou ao ponto de defender "mudar o mundo sem tomar o poder", o ápice da impotência para mudar realmente o mundo. De um lado, o marxismo oriental, de caráter hobbesiano e real, focado na soberania e desenvolvimento das forças produtivas. De outro lado, o marxismo ocidental, de caráter utópico e imaginário, focado na crítica social e interesses acadêmicos. Sem perceber, esse marxismo ocidental se alinha ao liberalismo ao enfatizar que não é possível criar uma sociedade socialista sem degeneração burocrática, o que provaria a incapacidade congênita do proletariado se tornar classe dirigente, além do evidente caráter utópico do programa socialista. Assim, o marxismo ocidental foi somando duas ideologias antiestatistas: o anarquismo que identifica o Estado como fonte da opressão e o liberalismo que atribui ao Estado funções restritas, negando-lhe qualquer intervenção na atividade econômica.

Para Losurdo, o "marxismo europeu", ao centrar-se na emancipação dos explorados, na superação das nacionalidades, na extinção tendencial do Estado, etc., tem permanecido em um tempo "messiânico" e "utópico", incapaz de materializar suas promessas, como desdobramento das consequências das raízes judaico-cristãs do "marxismo ocidental". Como o marxismo ocidental não tinha a preocupação dos marxistas orientais no exercício do poder, estando sempre na oposição e se concentrando cada vez mais na "teoria crítica", na "desconstrução", e outros sofismas, passou a denunciar o poder e as relações de poder enquanto tais. Por outro lado, a pressão exercida pelas tarefas de direção de um país contribuiu significativamente para que Lênin, Mao e outros líderes, o marxismo oriental como um todo, se desvencilhassem das expectativas messiânicas e amadurecessem uma visão mais realista do processo de construção de uma sociedade pós-capitalista (Losurdo, 186).

O marxismo ocidental se tornou de tal maneira enclausurado nas representações da política burguesa que se tornou avessa a necessidade de se objetivar os poderes sociais do trabalho sobre o capital. Com o progressivo distanciamento do poder, o marxismo ocidental foi se tornando um fenômeno utópico. Sem exercer o poder, nem conseguir organizar um Leviatã Socialista, os marxistas ocidentais idealizam um apoio popular espontâneo para um projeto que vá suprimir o Estado. No marxismo ocidental, os elementos messiânicos de Rousseau culminaram na ideia de que o objetivo da luta socialista é a criação de uma organização supranacional, a sociedade sem classes, com a extinção tendencial do Estado. Para uns, socialismo e comunismo seriam iguais. Para outros, a conquista e o exercício ditatorial do poder com vistas à imposição do fim buscado seriam uma contradição entre socialismo e comunismo.

Com a derrota sofrida nos países socialistas do Leste Europeu, muitos passaram a fazer apelos para os comunistas "a retornar à utopia", num impulso à tradição do messianismo ou a um futuro luminoso absolutamente livre de contradições e conflitos. Dessa forma, não é de se espantar que o marxismo ocidental seja incapaz de dar uma resposta aos problemas do presente. Numa situação internacional explosiva e perigosa, o marxismo ocidental encontra-se completamente despreparado e perdido. Apatia, cosmopolitismo, niilismo, utopismo e liberalismo tornaram o marxismo ocidental estéril. Como uma variante anarquista do marxismo, o marxismo ocidental exige a imediata abolição do Estado com a revolução. Para o marxismo oriental, isso é impossível e pouco sensato. É preciso instaurar um poder até mesmo ditatorial a fim de eliminação dos riscos à soberania do estado socialista.

Marx e Engels ficariam assustados com os acadêmicos marxistas que esvaziaram o marxismo das ousadias, temeridades e inflexões das ações revolucionárias concretas. Essa é a negação do marxismo por seus fundamentos histórico-críticos e reduzido a pedagogia diletante para jovens universitários. Para o marxismo ocidental, o comunismo-stalinismo destruiu uma grande utopia social que tinha tudo para ser a "máxima expressão da democracia" e o "reino dos céus na terra", onde o "poder vira amor". O marxismo ocidental transformou a "boa causa da revolução" em dogmas teóricos ignorantes da situação e do papel das classes sociais em suas lutas. Transformou o marxismo em doutrina utópica, sem sentido preciso. No marxismo ocidental, se tornou raro um intelectual produtivo, integrado nas lutas sociais de classe e consciente da sua responsabilidade no compartilhamento do progresso sócio-político. Muitos se tornaram até clowns da contrarrevolução, O criticismo do marxismo ocidental resulta da grande dificuldade para assumir a direção política dos polos dinâmicos da economia e então deflagrar sua ação política a partir destes eixos como força motriz das transformações sociais revolucionárias. Por isso, sua teoria se tornou órfã.

Em resumo, o marxismo ocidental, longe dos problemas reais do poder, nunca conseguiu superar os elementos rousseaunianos utópicos. Para entender a ideia políticas por trás no marxismo neoutópico, é necessário considerar sua proximidade com Rousseau, outro platônico. Fora do poder, o marxismo ocidental passou a ser muito mais rousseauniano do que marxista. Isso pode ser encontrado em Bernstein, Bloch, na Escola de Frankfurt, nas revoltas utópicas de 1968, no eurocomunismo, na glasnost soviética e nos "novos marxismos" que encontram no poder estatal um obstáculo ao socialismo. Neles vemos diversos elementos comuns às democracias liberais de matriz capitalista e ao utopismo. Se livrar destes ideais – oportunistas e/ou utópicos – poderia servir ao marxismo ocidental para a concretização de uma política capaz de construir o socialismo real.

A esterilidade da teoria do marxismo ocidental está relacionada ao deslocamento de todo o eixo gravitacional para o abandono progressivo de estruturas econômicas ou políticas como objetos centrais da teoria. Sem a ditadura do proletariado, os partidos revolucionários não só se desorientaram como também foram perdendo razão e sentido. O marxismo ocidental nunca se preocupou com o funcionamento dos órgãos máximos de decisão nos Estados socialistas. Nem conseguiu tirar indicações precisas sobre como os estados sociais operam sua ditadura de classe ou podem criar instituições para Estados duradouros.

A crise do marxismo ocidental só poderá ser solucionada com o retorno da soberania como agenda central das forças do trabalho. Desligados das temáticas sobre o poder real, o marxismo ocidental é incapaz de assumir os problemas, as dificuldades, os êxitos e as limitações das experiências reais do socialismo bem como as perspectivas dos seus avanços futuros. O esforço dos bolcheviques e outros dirigentes de processos revolucionários para sistematizar a nova forma do Estado socialista é rigorosamente negada e esquecida pelo marxismo ocidental. As críticas às experiências de ditadura do proletariado costumam se reduzir aos elementos não liberais no sistema político. Porém, o marxismo oriental, ao construir diferentes ditaduras do proletariado, manteve o desenvolvimento revolucionário das diretivas baseadas no marxismo. Ao contrário do marxismo ocidental, o marxismo oriental se apresenta como uma dinâmica sociopolítica somente inteligível dentro da política revolucionária. Afundado no plano racionalista das especulações filosóficas-políticas, restou ao marxismo ocidental "mudar o mundo sem tomar o poder". Só que, sem poder, o marxismo é completamente inofensivo.

O marxismo ocidental, impregnado de intelectualismo onde dominam fatores imaginativos, refletem um sentimento sem efeito sobre a materialidade e distante das tradições e costumes do povo. O marxismo ocidental não passou de um conjunto de aspirações políticas em desacordo com as condições reais e orgânicas das sociedades que pretendiam reger e dirigir. Este foi seu erro nos últimos 130 anos. Simplesmente subestimou o papel do Estado em proteger os trabalhadores no seu físico e nas condições materiais da vida.

O marxismo rousseauniano atribuiu demasiada importância ao papel da democracia abstrata no processo decisório estatal, um papel incompatível com as transformações econômicas e sociais experimentadas pelos países socialistas, cujos governos exigem decisões rápidas e complexas. Essa inspiração do liberalismo político francês não reflete as condições reais que os estados socialistas encontram para sobreviver. Na visão utópica, no socialismo o Estado esgotaria seu papel civilizador. O projeto emancipatório teria que pré-estabelecer a eliminação das funções diretivas no âmbito político. Não é à toa que, diante da atual situação caótica do capitalismo em crise, os elementos utópicos impedem o marxismo ocidental de animar o movimento proletário.

Com mais de um século de revisionismo, o marxismo ocidental se degenerou – do socialismo evolucionário, a escola de Frankfurt, ao eurocomunismo, à glasnost soviética, culminando em teorias abertamente liberais ou anarquistas. Para o marxismo ocidental, resta depurar suas vertentes utópicas e se reconciliar com o marxismo oriental. É preciso aprender com as notáveis conquistas do marxismo oriental, pois, enquanto for utópico, o marxismo ocidental continuará atrasando a luta socialista concreta.

O Lênin hobbesiano começa seu argumento recusando ser utópico: contra os anarquistas, afirma seu completo realismo. Ele não está contando com "novos homens", mas com as "pessoas como elas são agora, com pessoas que não podem prescindir da subordinação, do controle e de 'chefes e contadores'". Esse impulso de Lênin é absolutamente atual: para exercer o poder socialista é preciso não ser utopistas. É evidente que sonhar que o socialismo será implantado numa sociedade que prescinda do Estado é uma alucinação. Como disse Lênin: "Esses sonhos anarquistas, baseados na incompreensão das tarefas da ditadura do proletariado, são fundamentalmente estranhos ao marxismo e só servem na realidade para protelar a revolução socialista até o momento em que as pessoas forem diferentes".

Ao aderir a diferentes variantes românticas de utopismo, o marxismo ocidental se tornou um protelador da revolução socialista. Sabendo que qualquer novo poder só pode ser sustentado por um novo terror, promovido pelo Leviatã Proletário, se faz uma capitulação preventiva para salvar sua moral. Sabendo que os processos revolucionários desatam uma forte contrarrevolução, se prefere uma democracia-elitista-liberal capitalista do que uma alternativa autoritária e popular socialista.

Por diversas parte do mundo esta tese ganhou vida após o fim da URSS e de ditaduras militares fascistas. Uma variante desse "marxismo fukuyamista" é o chamado "identitarismo". Nele, a identidade é abstraída das relações materiais com o Estado e a sociedade, se manifesta em divisionismo e atitudes moralizantes, em vez de estimular a solidariedade e a união das classes subalternas. A política passaria da luta coletiva contra uma estrutura social opressora para o reconhecimento individual. Nancy Fraser admite que certas injustiças não são "em absoluto diretamente originadas pela estrutura econômica", não obstante, a valorização (etérea) das identidades tem três implicações imanentes: 1) situa a luta por justiça no próprio quadro referencial social que ocasiona as opressões; 2) obsta para aqueles e aquelas, de especificidades bem marcadas, mas com menos capacidade de arranjos políticos de pressão, justamente, por suas situações concretas de injustiça que se apropria da diferença, de participar das contendas em torno de demandas materiais (economia) – de modo que "o multiculturalismo predominante [...] propõe contrapor a falta de respeito revalorizando as identidades de grupos injustamente desvalorizadas, ao tempo que deixa intacto tanto os conteúdos de ditas identidades [exploradas] como as diferenciações [para o acúmulo e reprodução do valor]"; 3) e estabelece dificuldades, por vezes insuperáveis, de organização estratégica com vistas a forjar ações coletivas antissistêmicas – não é fortuito que ao final do ensaio a teórica crítica sugira uma "orientação programática aglutinadora" (Fraser, 2022) em termos de ação política. Desse modo, o identitarismo, diz Fraser, "move-se em um dilema" irresoluto na abordagem da teoria do reconhecimento preponderante, pois são identidades oprimidas que reafirmam e/ou repõem os estatutos mesmos ocasionados pela injustiça e pela opressão.

Não é à toa que o marxismo ocidental está sendo liquidado por suas práticas românticas. Num contexto onde parte considerável dos problemas econômicos, sociais e políticos do capitalismo passa pela ditadura do proletariado, se defende a "radicalização da democracia" de direitos individuais e ideologias burguesas. Com isso, o objetivo das lutas sociais deveria ser a "democracia direta", uma forma de governo que fora o ideal de Rousseau. Para os românticos, o processo de transição para uma sociedade socialista pressupõe a ampliação progressiva da democracia liberal, de modo que o Estado, enquanto força coercitiva, possa ir "definhando" aos poucos. Esta visão anarquista que tomou grande parte do marxismo ocidental transformou socialistas em defensores intransigentes da democracia capitalista. Nesta visão, nada mais horroroso do que um regime de partido único que domina um Estado, como postulado por Marx, Engels, Lênin, Mao e tantos outros.

O marxismo ocidental, com sua distância conveniente das questões do poder, não compreende que o Leviatã socialista é muito diferente dos Estados capitalistas de mercado existentes no mundo. O Leviatã proletário surge de um pacto que o povo assume com o propósito de alcançar a segurança da sua vida pela sujeição comum a um único poder – o partido comunista. Muitos vem nisso uma opressão servil, pois o poder soberano não pode ser dividido, à custa de sua destruição. Todas as outras formas de transformação socialista até hoje são inócuas perto das experiências em que o poder do Estado é gerido pelos comunistas sob forte cerco das potências capitalistas.

Uma reestruturação fundamental do movimento socialista passa pelo balanço do fracasso do marxismo ocidental, associado à distância de experiências reais de exercício do poder, entre teoria e prática. A atual "crise do marxismo" se deve principalmente ao fato de que muitos de seus representantes continuam a adotar uma política romântica e utópica. Ao se envolver em revisões de todo tipo, o marxismo ocidental não chegou a nenhum resultado consistente. Com o marxismo fukuyamista, chega a reafirmar a crença de que alternativas históricas ao capitalismo teriam se provado inviáveis e impossíveis, não havendo nenhum outro sistema socioeconômico concebível. Assim, sua imaginação política se mostra refém do modo de produção capitalista.

O marxismo ocidental precisa de uma revitalização das ideias, há muito tempo abandonadas, ligadas ao poder, como planejamento, nacionalismo, centralismo democrático, ditadura do proletariado. Também precisa de encontrar com temas caros, como religião, mercado e autoridade. A revitalização do marxismo deve se desenvolver nestas linhas básicas. Se o foco nestas questões soa pouco familiar, deve-se ao fato de que o revisionismo distanciou os comunistas da perspectiva de criação de novos estados socialistas.

O marxismo ocidental não se preocupou com uma teoria viável de governo porque nunca precisou governar nada. Com uma crítica cada vez mais intensa contra as experiencias socialistas reais, por não terem implantado o governo dos seus sonhos, o marxismo ocidental vive uma crescente degeneração. Quanto mais longo do poder, mais se encastelou no mundo das abstrações, revisões conceituais, desconstrução, tudo que Marx chamaria de "crítica da crítica". Esse fenômeno se manifesta por todo século XX, mas chega ao seu ápice com o fim da URSS e o ressurgimento abrangente do socialismo utópico com diversas matizes, mais ou menos liberais e anarquistas, como "mudar o mundo sem tomar o poder", "ir além do Leviatã", "democracia direta", "democracia como valor universal", "fim do poder", "socialismo sem burocracia", "novo socialismo romântico".

Por décadas, o marxismo ocidental se autoiludiu quanto a capacidade de instituir uma sociedade socialista. Sem uma "virada hobbesiana", o marxismo ocidental ficará à margem da disputa política pós-neoliberal em que a ditadura do proletariado torna-se de grande urgência. Apesar de mal fadada pelos apologistas do capital, a ditadura do proletariado é a alternativa que está destinada a impor-se a longo prazo. O marxismo ocidental terá que abandonar muitos de seus pressupostos sobre a natureza do Estado e aceitar o desafio de edificar Leviatãs Socialistas. Suas ideias-chave são soberania, proteção, controle, segurança, estabilidade e desenvolvimento. Sua estratégia de implantação passa pelo fortalecimento da autoridade estatal, da dominância territorial e do poder político. Sem um "retorno à Hobbes", o marxismo ocidental será liquidado em pouco tempo.

O marxismo ocidental poderá superar o próprio impasse que se colocou apenas se colocar a questão da organização do poder político em seu centro. E tomar Lênin como base: "só é marxista quem estende o reconhecimento da luta de classes até a admissão da ditadura do proletariado. Essa é a diferença mais profunda entre o marxista e o pequeno burguês". A ditadura do proletariado é realizada para fazer valer a vontade popular enquanto nas "democracias capitalistas" o poder político é facilmente capturado pelo poder econômico. Apesar do discurso em torno de "liberdade", "alternância de poder", "divisão de poderes", "democracia", nos países capitalistas o poder político é concentrado na casta privada que controla dos meios de produção e de poder. Ditadura do proletariado é uma expressão para denominar o poder político soberano do povo. Essa ditadura do povo, para prevalecer, deve evitar o caos e garantir a segurança. Socialismo sem ditadura do proletariado é um sonho utópico. Por isso, diante da atual crise do capitalismo monopolista ocidental, os elementos utópicos impedem o marxismo de animar o movimento proletário.

3.5 Em busca da soberania perdida

O historiador Eric Hobsbawn apontava que os governos dos Estados-nações e Estados territoriais modernos apoiam-se em três presunções: primeiro que tenham mais poder do que qualquer outra unidade que opere em seus territórios; segundo, que os habitantes dos seus territórios aceitem mais ou menos de bom grado sua autoridade; e terceiro, que eles possam proporcionar aos habitantes serviços que de outra maneira não poderiam ser prestados com efetividade, como a manutenção da lei e da ordem. Por mais de duzentos anos, até o final da década de 1970, a ascensão do Estado moderno deu-se de forma contínua e independentemente da ideologia e da organização política. Nos últimos quarenta anos, a tendência se inverteu. O Estado neoliberal abandonou muitas de suas atividades diretas tradicionais. O Estado territorial perdeu o monopólio da força armada, da estabilidade e do poder. Ao minar a influência do Estado na condução da sociedade, o (neo)liberalismo passou a desmontar o aparelho estatal, privatizando suas funções para o mercado ou simplesmente retirando-o das responsabilidades antes estratégicas, como o uso legítimo da violência, política monetária e cambial, política externa, energia, infraestrutura, indústria, serviços de saúde e educação e cultura (Hobsbawn, 2007).

O conceito de soberania, tal qual o entendemos desde alguns séculos, vem sofrendo uma série de questionamentos, dadas as numerosas variáveis que o colocam em xeque a cada momento, na atualidade. Tais variáveis são tanto de ordem política, econômica, cultural, tecnológica e mesmo natural. Vários elementos contribuíram para a mudança do Estado moderno para o Estado contemporâneo e a consequente alteração no conceito de soberania. O primeiro é o surgimento de novos atores internacionais, como as organizações internacionais, empresas transnacionais e as organizações não governamentais (ONGs). Outro elemento que afronta a soberania individual do Estado é o desenvolvimento do direito internacional, que impõe normas que buscam regular as relações internacionais, inclusive dentro do âmbito estatal quando da proteção de direitos dos cidadãos, como os direitos humanos. O Estado nacional perde o monopólio da soberania jurídica, tendo que conviver com uma série de atores como escritórios jurídicos, ONGs, instituições internacionais e nações hegemônicas. Um terceiro elemento é a internacionalização do processo de elaboração de decisões políticas. Com o crescimento das novas formas de associações políticas, há uma rápida expansão dos vínculos transnacionais, crescente interpenetração da política externa na doméstica e o desejo da maioria dos Estados em possuir uma forma de governo e regulação internacional que possa afrontar os problemas políticos coletivos. Um quarto elemento são os poderes hegemônicos e estruturas de segurança internacional, que se contrapõem com a ideia de Estado como um ator militar e estrategicamente autônomo no desenvolvimento do sistema global de Estados.

Um quinto elemento limitador é a identidade nacional e globalização da cultura. Afinal, com a consolidação da soberania estatal nos séculos XVIII e XIX houve uma promoção da identidade do povo como sujeito, como cidadão. O cidadão estando sujeito à jurisdição de um dado Estado foi progressivamente compreendendo que pertencia à respectiva comunidade, bem como quais seriam os direitos e obrigações aos quais deveria se sujeitar. Com o desenvolvimento dos veículos de comunicação ocorreu o que pode ser denominado de "globalização cultural", com contados cada vez mais intensos com pessoas de outros países, outras culturas e outros pensamentos. Com o advento da internet, as fronteiras culturais tornam-se ainda mais fluidas, ao passo que, estimulam-se novas formas de identidades culturais, ao mesmo tempo reavivando, intensificando ou, por vezes, destruindo, as antigas. Isso remodela a política, pois no interior dos Estados, os partidos são minados e superados por novas formas de organização e participação política, perdendo sua soberania na intermediação entre as pessoas e os governos.

Com a globalização neoliberal, até os Estados ocidentais mais fortes e estáveis perderam seu monopólio absoluto da força coercitiva, a lealdade voluntária dos cidadãos ao Estado e a capacidade do Estado de prestar serviços eficientes para os cidadãos. O recuo do Estado de sua soberania nas últimas décadas é o principal fenômeno da globalização. Ele rompe com toda tradição de desenvolvimento das sociedades que perduram nos últimos séculos. Olhando para os últimas 40 anos de dominância liberal, com a retirada gradual da soberania do Estado, a taxa de crescimento econômico geral foi menor do que o keynesianismo da Segunda Guerra Mundial. Nem os principais países capitalistas centrais e nem os menos desenvolvidos ficaram ricos e fortes. Com pandemia de covid-19, escancaram-se as mazelas do capitalismo, como falta de coordenação estatal, privatização e controle político em favor dos mais ricos, polarização social, crescimento e produtividade em declínio, farra nos mercados financeiros, insegurança alimentar e até casos de pirataria, como no caso do governo norte-americano confiscando produtos médicos em alto mar. Some-se ao quadro, novos conflitos armados e o uso do dólar como arma de guerra, para subordinar países desalinhados aos interesses dominantes dos Estados Unidos.

O capitalismo se alimenta de mais-valia e do medo. Como estratégia de expansão global, generaliza a guerra de todos contra todos. Na atual situação, com o agravamento da crise neoliberal, ressurge o papel indispensável do Estado para proteger a sociedade do risco generalizado. A realidade de declínio econômico, caos geopolítico, incerteza social e temores de colapso ecológico, além de pandemias e guerras, exacerbam as demandas por segurança e soberania. A incerteza social engendrada pelo neoliberalismo gera uma demanda por ordem política.

A sobreposição de crises – econômica, política, cultural, ambiental, etc. – com o desmantelamento neoliberal do Estado, desgastou sua função macroeconômica devido à integração comercial global, privatizações generalizadas, perda da capacidade em controlar a política monetária, fiscal e industrial, além de destruir os órgãos de planejamento. O capital em crise cria sociedades que exigem cada vez mais uma grande mobilização do Estado. O medo e a sensação de insegurança devem alimentar uma linha política para fortalecer a soberania em todas suas dimensões, a proteção e o controle, mecanismos fundamentais que fazem o Estado funcionar.

Diante do avanço destrutivo do capital, a retomada da soberania das nações depende de fortes Leviatãs capazes de assegurar uma reprodução social segura e estável, o que não pode ser realizado sob o capitalismo dominado pelas finanças e monopólios. Para Paolo Gerbaudo, "a demanda atual pelo restauro da soberania – da 'alma pública da comunidade', citando Hobbes – sinaliza reação a um mundo no qual o desligamento da intervenção estatal no mercado lançou as sementes da instabilidade social e da insegurança econômica" (Gerbaudo, 2023).

A esquerda ocidental se encontra diante do desafio do Leviatã: ou o decifra ou sucumbe. Para avançar, a esquerda deve enfrentar um mundo em que a globalização neoliberal está em declínio e o intervencionismo estatal tende a se tornar cada vez mais importante. Em outras palavras, precisam desenvolver suas próprias políticas de proteção. Porém, isso parece complexo para as almas rousseaunianas, que até se aliam aos neoliberais centristas, em defesa de uma ordem global em colapso. Enquanto marxismo ocidental gere países no último século, a esquerda ocidental não está totalmente convencida sobre os possíveis benefícios do crescente intervencionismo estatal com medo justificado pela memória do totalitarismo e por evidências mais recentes da cumplicidade do Estado na produção da desigualdade social. Mas a estratégia progressiva nas condições atuais não pode evitar a questão de como o Estado pode ser usado para oferecer proteção econômica e segurança contra riscos e restabelecer formas de controle político. Dada a solidez do bloco empresarial, alterar a correlação de forças exigiria um projeto ambicioso de transformação social, e não apenas reivindicações pontuais. Requereria um nível de organização e mobilização popular muito maior do que o atualmente articulado por sindicatos e organizações progressistas (Gerbaudo, 2023).

Neste ponto, o encontro de Marx com Hobbes pode ser instrutivo sobre o exercício real do poder e da soberania. Diego Fusaro aponta o abandono da ideia de soberania nacional pela esquerda, o que implica a conivência desta esquerda com as classes dominantes. O surgimento da nova direita, com um tipo de soberania regressiva, tem a ver com o abandono pela esquerda do campo da soberania nacional, entregando-o assim à direita. Para Fusaro, os Estados-nação são o último bastião da resistência contra a globalização capitalista, o terreno dialético de um possível conflito onde se confrontam as ideias daqueles que querem um Estado soberano nacional e socialista, e daqueles que, por outro lado, querem um Estado soberano liberal. Ou seja, um Estado soberano para os dominados ou um Estado soberano para os dominadores. Fusaro diz que o conflito de classes hoje é o conflito entre uma classe cosmopolita líquido-financeira, por um lado, e as massas populares nacionais, por outro. A classe dominante é de direita na economia e de esquerda nos costumes e na cultura. De direita por assumir o imperativo liberal na economia: privatização, cortes de gastos públicos, falta de investimentos, supressão de direitos sociais. Isso é, aprofunda a dessoberanização da economia e reforça a luta de classe em favor das classes dominantes. Por outro lado, promotora da chamada "política de identidade", resulta em políticas de pulverização de qualquer identidade, além daquela dos novos enclaves de "modos de vida". Referem-se pontualmente a uma identidade gadgetizada, criada pela fragmentação de toda identidade histórica e social que não pode ser assimilada na sociedade do livre mercado. Por isso, políticas de identidades resultam em reinvindicações competitivas por parte de identidades parciais, inimigas das identidades históricas e culturais dos povos, das nações e das comunidades que não coincidem com as multidões anônimas de consumidores desenraizados. Fusaro aponta que a "astúcia da razão liberal" está exatamente em garantir que se concentre apenas em "direitos" que não interfiram e até promovam a reprodução do capital. Enquanto os senhores da globalização administravam pelo neoliberalismo a questão econômica e laboral, a título de compensação se promovia uma série de direitos inofensivos à ordem capitalista ou, de preferência, que operam para aprimorá-la. É o "reivindicacionismo" em que todo grupo pode ser identificado como uma vítima que sofre discriminação não econômica e pode ganhar espaços e direitos à custa de outros grupos, contribuindo ao desaparecimento de qualquer solidariedade de classe (Fusaro, 2020). Fusaro acredita que a soberania é a chave. Aponta que é impossível ressocializar a economia se não for realizada uma recuperação preventiva da soberania nacional, isto é, enquanto permanecermos ao nível do cosmopolitismo sem fronteiras, a classe dominante capitalista continuará a vencer. Por isso, a esquerda deve recuperar a soberania nacional. É a *condição sine qua non* para repolitizar a economia e redemocratizar a realidade sociopolítica, com políticas típicas do Estado social, com leis nacionais que visam alcançar o pleno emprego e a defesa das classes mais fracas.

Porém, o problema de fundo é que grandes parcelas da esquerda ocidental aderiram a globalização e o liberalismo como dogmas indestrutíveis e irrefutáveis. Muitos estão integrados à estrutura globalista na dimensão econômica, política, militar, ideológica e tecnológica, sendo incapazes de fazer a transição para a concepção de um Estado Novo, seja em termos operativos, ou aspectos de visão de mundo, cultura política e administrativa. No despótico mundo atual, é de um Estado socialista forte que se precisa, que seja soberano, promotor da integração nacional, planejador, centralizado e unitário, capaz de levar adiante as transformações que impulsionem o desenvolvimento nacional. Soberania é a ideia central. Diante da globalização neoliberal do capital, que debilitou o poder dos Estados, a soberania reconquista parte de sua dimensão revolucionária. Com isso, nada melhor do uma virada hobbesiana no marxismo ocidental para sobreviver à crise generalizada do capitalismo.

O marxismo ocidental – utópico e romântico – nega subjetivamente algumas características essenciais do capitalismo e projetam sua substituição por uma ordem social em grande parte imaginária, como um postulado moral abstrato, idealizando uma espécie de "república utopiana". A "crença democrática em milagres", como dizia Marx da ideologia liberal, não consegue lidar com o "estado de natureza generalizado" que o capitalismo cria. A necessidade do Leviatã – e do poder soberano - é incontornável para a criação de um sistema estável e perene, isso é, "a autoridade capaz de assegurar a paz interna comum". No Leviatã Socialista, é o partido comunista que é soberano, mas apenas consegue se manter se assegurar a sua soberania continuamente, isso é, sua unidade e indivisibilidade.

Em 1989, talvez Fukuyama estivesse certo ao apontar o colapso inevitável de experiências socialistas lideradas pela URSS, mas não percebeu que as promessas do capitalismo liberal não iriam conseguir se manter em pé. Trinta anos depois, em entrevista de 2019, o próprio Fukuyama reconhece que "os Estados Unidos, a Grã-Bretanha e outros países ocidentais passaram por esse período do que às vezes é chamado de neoliberalismo, em que os indivíduos são elevados, realmente colocados acima do estado, e o estado é considerado uma fonte de ineficiência e tirania potencial contra indivíduos. E acho que isso foi simplesmente levado longe demais, então acho que uma das coisas que vai acontecer é que na maioria dos países ocidentais, o neoliberalismo, nesse sentido, morreu e as pessoas vão voltar a um tipo diferente de liberalismo em que acreditavam nas décadas de 1930 e 1940. Queremos proteger os direitos individuais, mas o estado tem um papel importante na proteção das pessoas e na criação de proteções sociais, sistemas de saúde e pensões e outras coisas desse tipo". E, pelo menos desde 2016, Fukuyama vem apontando que a China é provavelmente a única alternativa realmente plausível ao estilo de democracia liberal ocidental. A China, conforme Fukuyama, concluiu um período prolongado de crescimento econômico sem precedentes, baseado principalmente na ampla mobilização de mão-de-obra e manufatura para exportação, incorporação de tecnologias e novas formas administrativas, e está mudando para um período mais fortemente baseado em serviços, demanda interna e aumento da produtividade. Em outra entrevista de 2019, Fukuyama apontou que, se Pequim conseguir controlar as tensões sociais e manter a estabilidade econômica, a China pode se apresentar como um sistema superior ao capitalismo ocidental, economicamente recessivo e politicamente imerso numa severa crise democrática com o aumento do populismo de direita, exemplificado pela eleição de Donald Trump como presidente dos Estados Unidos, Brexit no Reino Unido, partidos populistas na Europa, Bolsonaro no Brasil. Se até Fukuyama percebeu que o "fim da história" era apenas uma ideologia para formar a utopia do capitalismo liberal, não seria um bom momento para que o marxismo ocidental caia na real?

A conjuntura histórica atual exige o restabelecimento da ditadura do proletariado como imaginário e prática política visando superar os perigos que pedem proteção por parte de um novo Leviatã. Os dilemas políticos atuais exigem que a crítica rousseauniana ao poder seja superada. Não há como tratar dos desafios presentes sem um Leviatã Socialista. A crítica antiautoritária ao poder só desvia a atenção da necessidade de traçar um projeto de transformação sistêmica, iludindo-se de que a mudança poderia vir de novas práticas de auto-organização na sociedade civil e de mudanças no estilo de vida e nos padrões de consumo. A rejeição moralista ao poder acaba significando renunciar ao poder e ao projeto de transformação socialista.

A alternativa do Leviatã Socialista é um desejo legítimo de retorno à ordem e à estabilidade em meio a um mundo tomado pelo caos e pela guerra de todos contra todos. Ele representa o objetivo máximo da política no paradigma hobbesiano da soberania, tendo a proteção como base de sua legitimidade. A transformação radical da ordem capitalista passa pela orientação estratégia do movimento comunista. Como antagonista do capital, sua luta transformadora só pode ser alcançada com a conquista do controle da esfera política. Isso passa pela neutralização das instituições políticas capitalistas herdadas e pela edificação de um Estado Novo. O fracasso do neoliberal ressuscita a ditadura do proletariado e o poder soberano do Estado nacional-popular. A única ruptura real com a democracia-liberal é a ditadura do proletariado. Outras soluções se reduzem a melhorar como administrar o modelo socioeconômico das sociedades capitalistas.

É o caráter objetivo das novas condições históricas que coloca na ordem do dia a questão da ditadura do proletariado. A ditadura do proletariado é a alternativa sistêmica ao capital numa época em que é incapaz de resolver suas crises e reconstituir com sucesso as condições de sua dinâmica expansionista. A ditadura do proletariado é a resposta viável para a desintegração da soberania promovida pelo capital em sua fase de desenvolvimento destrutivo.

Em vez de uma gestão mais democrática da crise neoliberal, os socialistas precisam propor a construção de um Estado Novo: o Leviatã Socialista. Se o Leviatã Socialista garantir proteção, estabilidade, segurança, soberania e desenvolvimento, será a resposta política adequada para as demandas sociais emergentes. Mais do que nunca, é necessária uma releitura da teoria marxiana da ditadura do proletariado e se apropriar deste instrumento crucial para compreensão do processo histórico e promoção das lutas de emancipação.

Referências

ALTHUSSER, L. Conferência sobre a ditadura do proletariado (1976). Lutas Sociais, São Paulo, vol. 18, n. 33, 2014.

ANDERSON, P. Considerações sobre o marxismo ocidental; Nas trilhas do materialismo histórico. São Paulo, Boitempo, 2018.

BALIBAR, É. Sobre la dictadura del proletariado. Madrid: Siglo XXI Editores, 1977.

BADIOU, A. A Hipótese Comunista. Boitempo Editorial, São Paulo, 2012.

BETTO, F. O marxismo ainda é útil? São Paulo, Cortez, 2019.

BERNSTEIN, E. Socialismo evolucionário. Rio de Janeiro, Zahar Editores, 1964.

BOBBIO, N. Qual Socialismo? Rio de Janeiro, Editora Paz e Terra, 1983.

__________. Thomas Hobbes. Rio de Janeiro, Campus, 1991.

COUTINHO, C. N. Gramsci: um estudo sobre seu pensamento político. Rio de Janeiro, Editora Campus, 1988.

__________. In SANTUCCI A. A. (org.), Gramsci in Europa e in America. Roma-Bari: Laterza, 1995.

__________. e KONDER L. Nota sobre Antonio Gramsci. In A. Gramsci, Concepção dialética da história. Rio de Janeiro: Civilização Brasileira, 1966.

DARDOT, P; LAVAL, C. A nova razão do mundo: ensaio sobre a sociedade neoliberal. São Paulo: Editora Boitempo, 2016.

ENGELS, F. Do socialismo utópico ao socialismo científico, 9ª. Ed. São Paulo, Global Editora, 1988.

FEI, H. Han Feizi – Basic Writings. WATSON, B. (Trad.). Nova York, Columbia University Press, 2003.

FRASER, N. "El fin del neoliberalismo progressista". Revista de Libros, 2017.

FUKUYAMA, F. O fim da história e o último homem. Rio de Janeiro: Rocco, 1992.

________. 30 anos depois: o mundo está a tornar-se chinês? Entrevista Nikkei Ásia, 2019.

________. Democracia: o fim de um modelo? Entrevista Instituto Montaige, 2023.

FUSARO, D. La sociedad abierta: Condena turbomundialista contra los pueblos. EAS, 2020a.

________. La lucha de clases en el siglo XXI. Santiago, Ignacio Carrera Pinto Ediciones, 2020b.

GERBAUDO, P. O Grande Recuo: a política pós-populismo e pós-pandemia. Todavia, São Paulo, 2023.

GORENDER, J. Marxismo sem Utopia. São Paulo, Ática, 2000.

GRAMSCI, A. Cadernos do cárcere. Volume 3. Maquiavel. Notas sobre Estado e a Política. Rio de Janeiro, Civilização Brasileira, 2001.

_________. Maquiavel, a política e o estado moderno. Rio de Janeiro, Civilização Brasileira, 1984.

HEGEL, G. W. F. Fenomenologia do Espírito. Coleção Os Pensadores, 1ª ed. Editora: Abril Cultural, 1974.

_________. Princípios de Filosofia do direito. São Paulo, Martins Fontes, 2009.

HOBBES, T. Leviatã ou matéria, forma e poder de um Estado eclesiástico e civil. São Paulo, Editora Nova Cultural, 1997.

_________. Do cidadão. São Paulo, Martins Fontes, 1998.

HOBSBAWN, E. Globalização, democracia e terrorismo. Companhia das Letras, São Paulo, 2007.

HOLLOWAY, J. "El Estado y la lucha cotidiana". In: Marxismo, Estado y Capital. Buenos Aires: Editorial Tierra del Fuego, 1994.

__________. Mudar o mundo sem tomar o poder. São Paulo, Editora Viramundo, 2002.

HORKHEIMER, M. Teoria crítica I. São Paulo, Perspectiva, 2015.

LENIN, V. Sobre as tarefas do proletariado na presente revolução. In: Obras Escolhidas. Vol. 2. São Paulo, Editora Alfa-Ômega, 1980.

_________. O Estado e a revolução. A doutrina do marxismo sobre o Estado e as tarefas do proletariado na revolução. In: Obras Escolhidas. Vol. 2. São Paulo, Editora Alfa-Ômega, 1980.

_________. A economia e a política na época da ditadura do proletariado. In: Obras Escolhidas. Vol. 3. São Paulo, Editora Alfa-Ômega, 1980.

LUKÁCS, G. Grande Hotel Abismo. Revista Novos Rumos, Marília, SP, v. 52, n. 1, 2015.

LÖWY, M. Romantismo e messianismo. São Paulo, Edusp, 1990.

_________ & Sayre, R. Romantismo e política. Rio de Janeiro, Paz e Terra, 1993.

_________. Revolta e melancolia: o romantismo na contramão da modernidade. Rio de Janeiro, Vozes, 1995.

LOSURDO, D. Stalin: história crítica de uma legenda negra. Rio de Janeiro, Revan, 2019.

_________. O marxismo ocidental: como nasceu, como morreu, como pode renascer. São Paulo, Boitempo, 2018.

MAQUIAVEL, N. O Príncipe. Companhia das Letras, São Paulo, 2010.

MATURSCELLI, D. Enrico. Gramsci e Althusser como críticos de Maquiavel. Revista de Sociologia Política, Vol. 16, 2008.

MARCELINO, F. Para onde vai a esquerda? Curitiba, Kotter Editorial, 2024.

______. Deng Xiaoping: as ideias que transformaram a China na superpotência do século XXI. Kotter Editorial, Curitiba, 2025.

_________. (org.). Mudar o mundo tomando o poder. Curitiba, Kotter Editorial, 2025.

_________. Reflexões sobre o Socialismo Chinês. Curitiba, Kotter Editorial, 2025.

MARCUSE, H. Materialismo histórico e existência. Rio de Janeiro, Tempo Brasileiro, 1968.

MARX, K. Crítica à filosofia de direito de Hegel. São Paulo, Editora Boitempo, 2005.

________. O Manifesto Comunista. 5ª ed. São Paulo, Editora, Global, 1985.

________. A Miséria da Filosofia. São Paulo, Centauro, 2001.

________. A questão judaica. São Paulo, Centauro, 2005.

________. Manuscritos econômicos filosóficos. São Paulo, Boitempo, 2004.

MÉSZÁROS, I. A Teoria da Alienação em Marx. São Paulo, Boitempo Editorial, 2005

________. Atualidade histórica da ofensiva socialista: uma alternativa radical ao sistema parlamentar. São Paulo, Boitempo Editorial, 2010.

________. Filosofia, ideologia e ciência social. São Paulo, Boitempo Editorial, 2009.

________. O poder da ideologia. São Paulo, Boitempo Editorial, 2004.

________. O desafio e o fardo do tempo histórico. São Paulo, Boitempo Editorial, 2007.

________. Para além do capital. São Paulo, Boitempo Editorial, 2002.

NEGRI, A; HARDT, M. Império. Rio de Janeiro, Record, 2001.

ROUSSEAU, J.J. Do Contrato Social. Editora Martín Claret, 2007.

SCHMITT, C. Der Leviathan in der Staatslehre des Thomas Hobbes, Klett-Cotta, Paris, Seuil, 2002.

STRAUSS, L. The Political Philosophy of Hobbes. Its Basis and its Genesis. The University of Chicago Press, 1963.

WOLIN, S. Política y perspectiva. Continuidad y cambio en el pensamiento político occidental. Buenos Aires. Amorrortu, 1973.

XIAOPING, Deng. Selected Works Vol. I. Beijing: Foreign Language Press, 1983.

________. Selected works Vol II. Beijing: People's Press, 1993.

________. Selected Works Vol. III. Beijing: Foreign Language Press, 1992.

XINCHENG, Z. Sobre alguns problemas teóricos do socialismo com características chinesas. Beijing, Jingji ribao chubanshe, 2015.

Sobre o autor

Nasceu em Curitiba. Pós-doutor em Política Públicas e Planejamento Urbano, doutor em Sociologia, mestre em Ciência Política e graduado em Relações Internacionais. Militante do Movimento Popular por Moradia (MPM). Integrante do Mimesis Conexões Artísticas.

É autor de diversos livros sobre a China, entre os quais *Introdução ao Planejamento na China: planos quinquenais e desenvolvimento urbano*; *A Revolução das Cidades Inteligentes na China*; *Quem tem medo do projetamento?*; *Reflexões sobre o Socialismo Chinês*; *Deng Xiaoping: as ideias que transformaram a China na superpotência do século XXI*; e *A China se prepara para o declínio dos EUA: Trump, guerra comercial e a Nova Desordem Mundial.*

É autor também de outros livros, como *Classes Dominantes no Paraná Contemporâneo: Família, Poder e Riqueza*, *COVID-19 e a nova geopolítica global*; *Marx no século XXI: valor, crise e capitalismo financeiro*; *Guerra Civil Brasileira: 1891-1894*; *Em Defesa do Projetamento: Ignácio Rangel e os desafios brasileiros*; *Geopolítica Hídrica Global*; *Do Terceiro Mundo à emergência do Sul Global*; e *Estratégias de Desenvolvimento no Sul Global: capitalismo monopolista, capitalismo de Estado ou socialismo de mercado?*.

Outra vertente de suas obras é na literatura, com os livros *Desencontros e seus golpes* (poesia); *Profeta Joel no fim dos tempos* (teatro); *Revolta Paraná* (conto); 93 *Haikais* (poesia); *Última hora* (poesia); e *Civilização da Mandioca e outros poemas luso-tropicais* (poesia), muitos pela Kotter Editorial.

pólen bold 90 gr/m2
tipologia calisto mt
impresso no inverno de 2025